suhrkamp taschenbuch 3751

D1494072

Samuel Beckett, der 1969 mit dem Literatur-Nobelpreis ausgezeichnet wurde, ist einer der größten Dichter des 20. Jahrhunderts. Wie kein anderer Dramatiker hat er Epoche gemacht im Bewußtsein des Jahrhunderts. Selbst diejenigen, die kaum eine Zeile von ihm kennen und in seinen Stücken nur die Mülltonnen sehen, haben einen »Begriff« von diesem Autor. Denn in Becketts Werken findet dieses Jahrhundert seinen Ausdruck: Endzeit, Aussichtslosigkeit, Pessimismus und die Überzeugung von der Absurdität der menschlichen Existenz.

Vor allem sein Stück *Warten auf Godot*, das im Januar 1953 in Paris uraufgeführt wurde, begründet Becketts Ruf. Die traurigen Helden bzw. Antihelden Estragon und Wladimir spiegeln das traurige Los der gesamten Menschheit wider, und doch spenden sie Trost vor allem in ihrer Trostlosigkeit. Was sich wie das Gestammel von Endenden in einer Endzeit anhört, erhebt sich durch die Kunst der Sprache zu höchster Poesie. Und deshalb zielt sein Werk auf das, was seine Figuren nicht aussprechen: auf Gott, auf Liebe, auf Tod.

Samuel Beckett, am 13. April 1906 in Dublin geboren, starb am 22. Dezember 1989 in Paris. Sein Werk in deutscher Sprache erscheint im Suhrkamp Verlag.

Samuel Beckett

Warten auf Godot
Endspiel
Glückliche Tage

Drei Stücke

Suhrkamp

Dieser Band folgt der Ausgabe
Samuel Beckett, Werke. Band 1, Theaterstücke.
Dramatische Werke I
In Zusammenarbeit mit Samuel Beckett herausgegeben von
Elmar Tophoven und Klaus Birkenhauer
Übertragungen von Elmar Tophoven und Erika Tophoven
Warten auf Godot folgt der revidierten Übertragung von 1993
(suhrkamp taschenbuch 1, 31. Auflage 2004)

Umschlagfoto: Ilse Buhs / Ullstein Bild

suhrkamp taschenbuch 3751
Erste Auflage 2005
© Suhrkamp Verlag Frankfurt am Main
Suhrkamp Taschenbuch Verlag
Druck: Druckhaus Nomos, Sinzheim
Printed in Germany
Umschlag: Göllner, Michels, Zegarzewski
ISBN 978-3-518-45751-1

4 5 6 7 8 9 – 16 15 14 13 12 11

Inhalt

Warten auf Godot

Stück in zwei Akten

Originaltitel: ›En attendant Godot‹
Aus dem Französischen von Elmar Tophoven

Personen: Estragon · Wladimir · Lucky · Pozzo · Ein Junge

Erster Akt

Landstraße. Ein Baum. Abend.
Estragon sitzt auf einem Stein und versucht seinen Schuh
auszuziehen. Er zerrt mit beiden Händen daran, stöhnt. Er-
schöpft gibt er schließlich auf, holt ein paarmal tief Luft,
versucht es von neuem. Das gleiche Spiel wie vorher.
Wladimir tritt auf.

ESTRAGON *gibt wieder auf* Nichts zu machen.

WLADIMIR *kommt angestakst, breitbeinig, mit kurzen*
Schritten Ich glaub es bald auch.
Er bleibt stehen.
Ich habe mich lange dagegen gewehrt.
Ich sagte mir, Wladimir, sei vernünftig, du hast noch
nicht alles versucht. Und ich nahm den Kampf wieder
auf. *Er verharrt beim Gedanken an den Kampf. Zu*
Estragon. Da bist du also wieder.

ESTRAGON Wirklich?

WLADIMIR Ich freue mich, dich wiederzusehen. Ich
dachte, du seist weg für immer.

ESTRAGON Ich auch.

WLADIMIR Wie sollen wir dies Wiedersehen feiern? *Er*
überlegt. Steh auf, laß dich umarmen!
Er streckt Estragon die Hand entgegen.

ESTRAGON *gereizt* Immer langsam.
Schweigen.

WLADIMIR *gekränkt, kühl* Darf man fragen, wo der Herr
die Nacht verbracht hat?

ESTRAGON Im Graben.

WLADIMIR *beeindruckt* Im Graben! Wo denn?

ESTRAGON *ohne Geste* Da hinten.

WLADIMIR Und sie haben dich nicht geschlagen?

ESTRAGON Doch ... aber nicht so schlimm.

WLADIMIR Wieder dieselben?

ESTRAGON Dieselben? Ich weiß nicht.

Schweigen.

WLADIMIR Wenn ich bedenke ... wie lange schon ... da frag ich mich ... was wohl aus dir geworden wäre ... ohne mich ... *Mit Nachdruck.* Du wärst nur noch ein Häufchen Knochen jetzt, das steht fest!

ESTRAGON *verletzt* Na und?

WLADIMIR *entmutigt* Es ist zuviel für einen allein. *Pause, dann lebhaft.* Andererseits, was nützt es, gerade jetzt den Mut zu verlieren, das sage ich mir auch. Man hätte vor einer Ewigkeit daran denken sollen, so um 1900.

ESTRAGON Hör auf. Hilf mir lieber den Dreckschuh auszuziehen.

WLADIMIR Hand in Hand hätten wir uns vom Eiffelturm gestürzt, mit den ersten. Da sahen wir noch anständig aus. Jetzt ist es zu spät. Die würden uns nicht mal mehr rauflassen. *Estragon versucht mit aller Gewalt, sich den Schuh auszuziehen.* Was machst du da?

ESTRAGON Ich zieh mir den Schuh aus. Ist dir wohl noch nie passiert, was?

WLADIMIR Wie oft hab ich dir schon gesagt, daß man sie jeden Tag ausziehen soll. Du solltest besser auf mich hören.

ESTRAGON *mit schwacher Stimme* Hilf mir doch!

WLADIMIR Tut's denn weh?

ESTRAGON Weh! Er fragt mich, ob's weh tut!

WLADIMIR *aufbrausend* Nur du leidest, nur du! Ich zähle nicht. Ich möchte dich mal an meiner Stelle sehen. Du würdest mir was erzählen.

ESTRAGON Tat's denn weh?

WLADIMIR Weh! Er fragt mich, ob's weh tat!

ESTRAGON *mit ausgestrecktem Zeigefinger* Das ist kein Grund, die Hose offen zu lassen.

WLADIMIR *beugt sich vor* Du hast recht. *Er knöpft sich die Hose zu.* Nur keine Nachlässigkeit in den kleinen Dingen.

ESTRAGON Was soll's? Du wartest immer bis zum letzten Moment.

WLADIMIR *träumerisch* Der letzte Moment . . . *Er denkt nach.* Was lange währt, wird endlich gut. Wer hat das noch gesagt?

ESTRAGON Willst du mir nicht helfen?

WLADIMIR Manchmal sage ich mir, es kommt doch noch. Dann wird mir ganz komisch.
Er nimmt seinen Hut ab, schaut hinein, fühlt mit der Hand darin herum, schüttelt ihn aus, setzt ihn wieder auf.
Wie soll man sagen? Erleichtert und zugleich . . . *er über-legt* . . . zerschmettert. *Emphatisch.* Zer-schmet-tert. *Er nimmt seinen Hut wieder ab, schaut wieder hinein.*
Na, so was!
Er klopft auf den Hut, als wolle er etwas daraus entfer-nen, schaut wieder hinein, setzt ihn wieder auf.
Na ja . . .
Estragon gelingt es unter Aufbietung aller Kraft, seinen Schuh auszuziehen. Er schaut hinein, fühlt mit der Hand darin herum, dreht den Schuh um, schüttelt ihn aus, sucht, ob nicht etwas auf die Erde gefallen ist, findet nichts, steckt seine Hand nochmals in den Schuh, wie ab-wesend vor sich hinblickend.
Na?

ESTRAGON Nichts.

WLADIMIR Laß mal sehen.

ESTRAGON Es gibt nichts zu sehen.

WLADIMIR Versuch' ihn wieder anzuziehen.

ESTRAGON *nachdem er seinen Fuß inspiziert hat* Ich laß ihn etwas an der frischen Luft.

WLADIMIR So ist der Mensch: Er schimpft auf seinen
Schuh, dabei ist sein Fuß schuld.
*Er nimmt seinen Hut nochmals ab, schaut hinein, fühlt
mit der Hand darin herum, schüttelt ihn aus, klopft dar-
auf, pustet hinein, setzt ihn wieder auf.*
Das wird langsam ungemütlich.
*Schweigen. Estragon dreht seinen Fuß hin und her und
bewegt die Zehen, damit sie besser auslüften können.*
Einer von den Schächern wurde erlöst. *Pause.* Das ist ein
guter Prozentsatz. *Pause.* Gogo . . .

ESTRAGON Was?

WLADIMIR Wenn wir beiden es bereuen würden?

ESTRAGON Was?

WLADIMIR Nun ja . . . *Er überlegt.* Wir brauchten ja nicht
ins Detail zu gehen.

ESTRAGON Daß wir geboren wurden?
*Wladimir lacht auf, unterdrückt das Lachen sofort wie-
der, faßt sich an die Blase, mit schmerzverzerrtem Gesicht.*

WLADIMIR Man wagt schon nicht mehr zu lachen.

ESTRAGON Als ob das ein Verlust wäre.

WLADIMIR Nur noch lächeln. *Plötzlich breites Lächeln,
das erstarrt, nach einem Moment ebenso plötzlich wieder
verschwindet.*
Es ist nicht dasselbe. Na ja . . . *Pause.* Gogo . . .

ESTRAGON *ärgerlich* Was ist denn?

WLADIMIR Hast du die Bibel gelesen?

ESTRAGON Die Bibel . . . *Er denkt nach.* Ich muß wohl mal
reingeguckt haben.

WLADIMIR In der freien Schule?

ESTRAGON Weiß nicht, ob sie frei war oder nicht.

WLADIMIR Es war wohl in der Besserungsanstalt.

ESTRAGON Möglich. Ich erinnere mich an die Karten vom
Heiligen Land. Bunte Karten. Sehr schön. Das Tote Meer

war blaßblau. Wenn ich nur hinguckte, hatte ich schon Durst. Ich sagte mir, da werden wir unsere Flitterwochen verbringen. Wir werden schwimmen. Wir werden glück- lich sein.

WLADIMIR Du hättest Dichter werden sollen.

ESTRAGON War ich doch. *Er zeigt auf seine Lumpen.* Sieht man das nicht?
Schweigen.

WLADIMIR Was sagte ich noch . . . Wie geht's deinem Fuß?

ESTRAGON Er schwillt an.

WLADIMIR Ach ja, ich hab's, die Geschichte mit den beiden Schächern. Erinnerst du dich?

ESTRAGON Nein.

WLADIMIR Soll ich sie dir erzählen?

ESTRAGON Nein.

WLADIMIR Dann vergeht die Zeit. *Pause.* Es waren zwei Diebe, die zusammen mit unserem Erlöser gekreuzigt wurden. Man . . .

ESTRAGON Mit unserem was?

WLADIMIR Unserem Erlöser. Zwei Diebe. Man sagt, der eine sei erlöst worden und der andere . . . *er sucht das Gegenteil von erlöst* . . . verdammt.

ESTRAGON Wovon erlöst?

WLADIMIR Von der Hölle.

ESTRAGON Ich gehe. *Er rührt sich nicht.*

WLADIMIR Und doch . . . *Pause.* Wie ist es möglich, daß . . . Ich langweile dich hoffentlich nicht.

ESTRAGON Ich hör gar nicht zu.

WLADIMIR Wie ist es möglich, daß nur einer von den vier Evangelisten die Dinge so darstellt? Sie waren doch alle vier dabei – jedenfalls nicht weit weg. Und nur einer spricht von einem erlösten Schächer. *Pause.* Komm, Gogo, du mußt mir von Zeit zu Zeit den Ball zuspielen.

ESTRAGON Ich hör zu.

WLADIMIR Einer von vieren. Von den drei anderen sagen zwei gar nichts darüber, und der dritte sagt, daß beide ihn beschimpft hätten.

ESTRAGON Wen?

WLADIMIR Wie bitte?

ESTRAGON Ich verstehe kein Wort ... *Pause.* Wen hätten sie beschimpft?

WLADIMIR Den Erlöser.

ESTRAGON Warum?

WLADIMIR Weil er sie nicht erlösen wollte.

ESTRAGON Von der Hölle?

WLADIMIR Ach was! Vom Tode.

ESTRAGON Na und?

WLADIMIR Und? Dann müssen beide verdammt worden sein.

ESTRAGON Und warum nicht?

WLADIMIR Der andere hat doch gesagt, einer sei erlöst worden.

ESTRAGON Na ja? Sie sind sich nicht einig, das ist alles.

WLADIMIR Sie waren alle vier dabei. Und nur einer spricht von einem erlösten Schächer. Warum soll man ihm mehr glauben als den anderen?

ESTRAGON Wer glaubt ihm denn?

WLADIMIR Mensch, alle! Man kennt nur diese Version.

ESTRAGON Die Leute sind blöd!

Er steht mühsam auf, humpelt zur linken Kulisse, bleibt stehen, blickt in die Ferne, die Hand abschirmend über den Augen, dreht sich um, geht zur rechten Kulisse, blickt wieder in die Ferne. Wladimir schaut ihm nach, geht dann zum Schuh, hebt ihn auf, schaut hinein, läßt ihn schnell wieder fallen.

WLADIMIR Bah! *Er spuckt auf die Erde.*

Estragon kehrt zur Bühnenmitte zurück, schaut zum Bühnenhintergrund.

ESTRAGON Lauschiges Plätzchen.
Er dreht sich um, geht bis zur Rampe, blickt ins Publikum. Heitere Aussichten!
Er wendet sich zu Wladimir.
Komm, wir gehen!
WLADIMIR Wir können nicht.
ESTRAGON Warum nicht?
WLADIMIR Wir warten auf Godot.
ESTRAGON Ach ja. *Pause.* Bist du sicher, daß es hier ist?
WLADIMIR Was?
ESTRAGON Wo wir warten sollen.
WLADIMIR Er sagte, vor dem Baum.
Sie betrachten den Baum.
Siehst du noch andere Bäume?
ESTRAGON Was ist das für einer?
WLADIMIR Ich weiß nicht . . . Eine Weide.
ESTRAGON Wo sind die Blätter?
WLADIMIR Sie wird abgestorben sein.
ESTRAGON Ausgetrauert.
WLADIMIR Es sei denn, daß es an der Jahreszeit liegt.
ESTRAGON Ist das nicht eher ein Bäumchen?
WLADIMIR Ein Busch.
ESTRAGON Ein Bäumchen.
WLADIMIR Ein – *Er setzt neu an.* Was willst du damit sagen? Daß wir uns im Platz geirrt haben?
ESTRAGON Er müßte eigentlich hier sein.
WLADIMIR Er hat nicht fest zugesagt, daß er kommt.
ESTRAGON Und wenn er nicht kommt?
WLADIMIR Kommen wir morgen wieder.
ESTRAGON Und dann übermorgen.
WLADIMIR Vielleicht.
ESTRAGON Und so weiter.
WLADIMIR Das heißt . . .
ESTRAGON Bis er kommt.

WLADIMIR   Du kennst kein Erbarmen.

ESTRAGON   Wir waren gestern schon mal hier.

WLADIMIR   Ach was, da täuschst du dich.

ESTRAGON   Was haben wir gestern gemacht?

WLADIMIR   Was wir gestern gemacht haben?

ESTRAGON   Ja.

WLADIMIR   Hm . . . *Ärgerlich*. Wenn es was zu bezweifeln gibt, bist du der erste.

ESTRAGON   Meiner Meinung nach waren wir hier.

WLADIMIR   *blickt in die Runde* Kommt dir die Gegend bekannt vor?

ESTRAGON   Das will ich nicht sagen.

WLADIMIR   Also?

ESTRAGON   Das will nichts heißen.

WLADIMIR   Immerhin . . . dieser Baum . . . *zum Publikum gewandt* dieser Sumpf.

ESTRAGON   Bist du sicher, daß es heute abend war?

WLADIMIR   Was?

ESTRAGON   Daß wir warten sollten?

WLADIMIR   Er sagte Samstag. *Pause*. Scheint mir jedenfalls.

ESTRAGON   Nach Feierabend.

WLADIMIR   Ich muß es aufgeschrieben haben. *Er wühlt in seinen Taschen, die voller Krimskrams sind.*

ESTRAGON   Aber welcher Samstag? Ist heute denn Samstag? Kann nicht auch Sonntag sein? Oder Montag? Oder Freitag?

WLADIMIR   *blickt aufgeregt um sich, als ob das Datum irgendwo in der Landschaft abzulesen wäre* Es ist nicht möglich.

ESTRAGON   Oder Donnerstag?

WLADIMIR   Was sollen wir machen?

ESTRAGON   Wenn er sich gestern abend vergebens hierher bemüht hat, dann kannst du dir denken, daß er heute nicht kommt.

WLADIMIR Du sagst doch, daß wir gestern abend hier waren.

ESTRAGON Ich kann mich irren. *Pause.* Laß uns mal still sein für einen Moment, ja?

WLADIMIR *mit schwacher Stimme* Ja, meinetwegen.

Estragon setzt sich wieder hin, Wladimir geht mit großen Schritten erregt auf und ab, bleibt von Zeit zu Zeit stehen, mustert die Ferne. Estragon schläft ein. Wladimir bleibt vor Estragon stehen.

Gogo ... *Schweigen.* Gogo ... *Schweigen.* GOGO!

ESTRAGON *fährt aus dem Schlaf auf, wird sich seiner furchtbaren Lage wieder bewußt* Ich schlief. *Vorwurfsvoll.* Warum läßt du mich nie schlafen?

WLADIMIR Ich fühlte mich einsam.

ESTRAGON Ich hatte einen Traum.

WLADIMIR Erzähl ihn nicht.

ESTRAGON Ich träumte ...

WLADIMIR ERZÄHL IHN NICHT!

ESTRAGON *auf die Welt ringsum zeigend* Genügt dir dieser? *Schweigen.* Es ist nicht nett von dir, Didi. Wem soll ich denn meine privaten Alpträume erzählen, wenn nicht dir?

WLADIMIR Sie sollen privat bleiben. Du weißt doch, daß ich so was nicht vertrage.

ESTRAGON *kühl* Manchmal frage ich mich, ob es nicht besser für uns wäre, auseinanderzugehen.

WLADIMIR Du würdest nicht weit kommen.

ESTRAGON Das wäre wirklich sehr schade. *Pause.* Nicht wahr, Didi, das wäre doch sehr schade? *Pause.* Wenn man an die Schönheit des Weges denkt. *Pause.* Und an die Freundlichkeit der Weggefährten. *Pause. Schmeichlerisch.* Nicht wahr, Didi?

WLADIMIR Ruhig! Ruhig!

ESTRAGON *schwelgerisch* Ruhig! ... Ruhig! ... *Träume-*

risch. Die Engländer sagen calm. *Sprich: kaaaam.* Es sind calme Leute. *Pause.* Kennst du die Geschichte von dem Engländer im Puff?

WLADIMIR Ja.

ESTRAGON Erzähl sie mir!

WLADIMIR Hör auf!

ESTRAGON Ein Engländer, der etwas mehr als gewöhnlich getrunken hat, begibt sich in'n Puff. Die Puffmutter fragt ihn, ob er eine Blonde, eine Schwarze oder eine Rote haben will. Erzähl weiter.

WLADIMIR HÖR AUF!

Wladimir tritt ab. Estragon steht auf, folgt ihm bis an den Rand der Bühne. Mimik und Gebärden, als sähe er einen Boxkampf. Wladimir kommt zurück, geht mit gesenktem Blick an Estragon vorbei über die Bühne. Estragon macht ein paar Schritte auf ihn zu, bleibt stehen.

ESTRAGON *sanft* Wolltest du mit mir sprechen? *Wladimir antwortet nicht. Estragon geht einen Schritt vor.* Hattest du mir etwas zu sagen? *Schweigen. Er macht noch einen Schritt.* Sag, Didi . . .

WLADIMIR *ohne sich umzudrehen* Ich habe dir nichts zu sagen.

ESTRAGON *macht noch einen Schritt* Bist du böse? *Schweigen. Noch einen Schritt.* Verzeih! *Schweigen. Noch einen Schritt. Er tippt Wladimir auf die Schulter.* Hör mal, Didi. *Schweigen.* Gib mir die Hand. *Wladimir dreht sich zu ihm um.* Umarme mich! *Wladimir bleibt hart.* Sei doch nicht so stur! *Wladimir wird weich. Sie umarmen einander. Estragon weicht zurück.* Du stinkst nach Knoblauch.

WLADIMIR Ist gut für die Nieren. *Schweigen. Estragon betrachtet aufmerksam den Baum.* Was sollen wir jetzt machen?

ESTRAGON Warten.

WLADIMIR Ja, aber beim Warten?

ESTRAGON Sollen wir uns aufhängen?

WLADIMIR Dann kriegen wir noch mal einen Steifen.

ESTRAGON *erregt* Einen Steifen?

WLADIMIR Mit allen Folgen. Da, wo es hinfällt, wachsen Alraunen. Darum schreien sie, wenn man sie ausreißt. Wußtest du das nicht?

ESTRAGON Komm, wir hängen uns sofort auf.

WLADIMIR An einem Ast?
Sie nähern sich dem Baum und betrachten ihn.
Ich hätte kein Vertrauen.

ESTRAGON Wir können's doch mal versuchen.

WLADIMIR Versuch's.

ESTRAGON Nach dir.

WLADIMIR Nein, du zuerst.

ESTRAGON Warum?

WLADIMIR Du bist leichter als ich.

ESTRAGON Ja eben!

WLADIMIR Das versteh ich nicht.

ESTRAGON Überleg doch mal.

WLADIMIR *überlegt. Schließlich* Ich versteh es nicht!

ESTRAGON Dann werd' ich es dir erklären. *Er überlegt.* Der Ast ... der Ast ... *Wütend.* Versuch doch, es zu verstehen.

WLADIMIR Ich verlasse mich ganz auf dich.

ESTRAGON *angestrengt* Gogo leicht – Ast nicht brechen – Gogo tot. Didi schwer – Ast brechen – Didi allein. *Pause.* Wohingegen ... *Er sucht nach dem richtigen Ausdruck.*

WLADIMIR Daran hatte ich nicht gedacht.

ESTRAGON *hat ihn gefunden* Wenn er dir gewachsen ist, dann auch mir.

WLADIMIR Bin ich denn überhaupt schwerer als du?

ESTRAGON Du behauptest es doch. Ich weiß es nicht. Die Chancen stehen eins zu eins. So ungefähr.

WLADIMIR Was sollen wir also machen?

ESTRAGON Gar nichts. Das ist klüger.

WLADIMIR Warten wir ab, was er uns sagen wird.

ESTRAGON Wer?

WLADIMIR Godot.

ESTRAGON Ach ja.

WLADIMIR Warten wir ab, bis wir Bescheid wissen.

ESTRAGON Andererseits wäre es vielleicht besser, das Eisen zu schmieden, bevor es eiskalt ist.

WLADIMIR Ich bin neugierig, was er uns sagen wird. Es verpflichtet uns zu nichts.

ESTRAGON Worum haben wir ihn eigentlich gebeten?

WLADIMIR Warst du nicht dabei?

ESTRAGON Ich hab nicht aufgepaßt.

WLADIMIR Na ja . . . Eigentlich um nichts Bestimmtes.

ESTRAGON Eine Art Gesuch.

WLADIMIR Eben.

ESTRAGON Eine vage Bitte.

WLADIMIR Wenn du so willst.

ESTRAGON Und was hat er geantwortet?

WLADIMIR Er werde mal sehen.

ESTRAGON Er könne nichts versprechen.

WLADIMIR Er müsse überlegen.

ESTRAGON In aller Ruhe.

WLADIMIR Seine Familie um Rat fragen.

ESTRAGON Seine Freunde.

WLADIMIR Seine Agenten.

ESTRAGON Seine Korrespondenten.

WLADIMIR Seine Register.

ESTRAGON Sein Bankkonto.

WLADIMIR Bevor er sich äußern könne.

ESTRAGON Das leuchtet ein.

WLADIMIR Nicht wahr?

ESTRAGON Scheint mir so.

WLADIMIR Mir auch.
  Ruhepause.
ESTRAGON *besorgt* Und wir?
WLADIMIR Wie bitte?
ESTRAGON Ich sagte, Und wir?
WLADIMIR Ich verstehe nicht.
ESTRAGON Was ist unsere Rolle dabei?
WLADIMIR Unsere Rolle?
ESTRAGON Laß dir Zeit.
WLADIMIR Unsere Rolle? ... Bittsteller!
ESTRAGON So weit ist es gekommen?
WLADIMIR Hat der Herr Ansprüche geltend zu machen?
ESTRAGON Haben wir keine Rechte mehr? *Wladimir
  lacht, bricht plötzlich ab. Gleiches Spiel wie beim ersten
  Mal.*
WLADIMIR Da müßte ich lachen – wenn ich nur könnte.
ESTRAGON Haben wir sie denn verloren?
WLADIMIR *klar und deutlich* Wir haben sie verschleu-
  dert.
  *Schweigen. Sie bleiben regungslos stehen, mit hängen-
  dem Kopf, baumelnden Armen und eingeknickten
  Knien.*
ESTRAGON *schwach* Wir sind doch nicht gebunden?
  Pause. Oder?
WLADIMIR *hebt die Hand.* Hör mal!
  Sie lauschen, in grotesker Stellung erstarrend.
ESTRAGON Ich höre nichts.
WLADIMIR Pssst!
  *Sie lauschen, Estragon verliert das Gleichgewicht, fällt
  beinahe. Er hält sich an Wladimir fest, bringt ihn ins
  Wanken. Sie lauschen aneinandergeklammert, sich an-
  schauend.* Ich auch nicht!
  *Seufzer der Erleichterung. Entspannung. Sie gehen aus-
  einander.*

ESTRAGON Du hast mir Angst eingejagt.

WLADIMIR Ich glaubte, er sei es.

ESTRAGON Wer?

WLADIMIR Godot.

ESTRAGON Pah! Der Wind im Schilf.

WLADIMIR Ich hätte geschworen, daß einer ruft.

ESTRAGON Nach wem soll er denn rufen?

WLADIMIR Nach seinem Pferd.

   Schweigen.

ESTRAGON Komm, wir gehen.

WLADIMIR Wohin? *Pause.* Heute abend schlafen wir vielleicht bei ihm, im Warmen, im Trocknen, mit vollem Bauch, auf Stroh. Dann lohnt es sich zu warten. Oder?

ESTRAGON Nicht die ganze Nacht.

WLADIMIR Es ist noch Tag.

   Schweigen.

ESTRAGON Ich hab Hunger.

WLADIMIR Willst du eine gelbe Rübe?

ESTRAGON Gibt's nichts anderes?

WLADIMIR Ich muß noch ein paar weiße haben.

ESTRAGON Gib mir eine gelbe!

   Wladimir sucht in seinen Taschen, zieht eine weiße Rübe heraus, gibt sie Estragon.

ESTRAGON *beißt hinein. Klagend* Das ist eine weiße!

WLADIMIR Oh, Verzeihung! Ich hätte geschworen, daß es eine gelbe ist. *Er sucht von neuem in seinen Taschen, findet nur weiße Rüben.* Das sind alles weiße. *Er sucht weiter.* Du hast die letzte wohl schon gegessen. *Er sucht.* Warte, da ist sie. *Er bringt endlich eine gelbe Rübe zum Vorschein, gibt sie Estragon.* Da, mein Lieber. *Estragon reibt sie an seinem Ärmel, beißt hinein.* Gib die weiße wieder her! *Estragon gibt die weiße Rübe zurück.* Geh sparsam damit um, es gibt keine mehr.

ESTRAGON *kauend* Ich hab dich etwas gefragt.

WLADIMIR So?

ESTRAGON Hast du mir geantwortet?

WLADIMIR Schmeckt dir die Rübe?

ESTRAGON Sie ist süß.

WLADIMIR Um so besser. Um so besser. *Pause.* Was wolltest du wissen?

ESTRAGON Ich weiß es nicht mehr. *Er kaut.* Und das ärgert
mich.
*Er betrachtet bewundernd die gelbe Rübe, hält sie zwi-
schen den Fingerspitzen, wedelt damit in der Luft.* Köst-
lich! *Er lutscht nachdenklich am Strunk.* Wart mal, es
fällt mir wieder ein. *Er beißt ein Stück ab.*

WLADIMIR Na?

ESTRAGON *mit vollem Mund, zerstreut* Wir sind doch
nicht gebunden?

WLADIMIR Ich verstehe kein Wort.

ESTRAGON *kaut und schluckt* Ich frage, ob wir gebunden
sind.

WLADIMIR Gebunden?

ESTRAGON Ge-bun-den.

WLADIMIR Wie gebunden?

ESTRAGON An Händen und Füßen.

WLADIMIR Aber an wen? Durch wen?

ESTRAGON An deinen guten Mann.

WLADIMIR An Godot? Gebunden an Godot? Wie kommst
du darauf? Nie im Leben! *Pause.* Noch – nicht. *Er betont*
»*noch*«.

ESTRAGON Heißt er Godot?

WLADIMIR Ich glaube.

ESTRAGON Soso! *Er hält den Rest der gelben Rübe am
Strunk fest, schwenkt sie vor den Augen.* Komisch, je weiter man kommt, um so schlechter schmeckt's.

WLADIMIR Bei mir ist es das Gegenteil.

ESTRAGON Das heißt?

WLADIMIR Ich gewöhne mich nach und nach an den Dreck.

ESTRAGON *nachdem er lange überlegt hat* Ist das das Gegenteil?

WLADIMIR Eine Frage des Temperaments.

ESTRAGON Des Charakters.

WLADIMIR Man kann nichts dafür.

ESTRAGON Was man auch tut.

WLADIMIR Man bleibt, wie man ist.

ESTRAGON Was man auch anstellt.

WLADIMIR Im Grunde ändert sich nichts.

ESTRAGON Nichts zu machen. *Er hält den Rest der gelben Rübe Wladimir hin.*

Willst du sie aufessen?

Aus nächster Nähe ertönt ein lauter Schrei. Estragon läßt die gelbe Rübe fallen. Sie bleiben regungslos stehen, rennen dann auf die Kulisse zu. Estragon kehrt auf halbem Wege um, hebt die gelbe Rübe auf, stopft sie sich in die Tasche, läuft zu Wladimir, der auf ihn wartet, macht wieder kehrt, hebt den Schuh auf und läuft dann damit zu Wladimir. Engumschlungen, mit eingezogenem Kopf stehen sie da, von der drohenden Gefahr abgewandt, und warten.

Pozzo und Lucky treten auf.

Pozzo führt Lucky am Strick vor sich her. Man sieht zuerst Lucky und den Strick, der um seinen Hals geschlungen ist. Der Strick muß so lang sein, daß Lucky bis auf die Mitte der Bühne gehen kann, ehe Pozzo aus den Kulissen hervorkommt. Lucky trägt einen schweren Handkoffer, einen Klappstuhl, einen Vorratskorb und, überm Arm, einen Mantel; Pozzo hat eine Peitsche.

POZZO *noch in den Kulissen.* Schneller!

Peitschenknallen. Pozzo erscheint. Sie überqueren die Bühne. Lucky geht an Wladimir und Estragon vorbei,

verläßt die Bühne wieder. Pozzo bleibt stehen, als er Wla-
dimir und Estragon erblickt. Der Strick spannt sich.
Pozzo zieht heftig daran. Zurück! *Geräusch eines Stur-*
zes. Lucky fällt mit seiner ganzen Last zu Boden. Wladi-
mir und Estragon schauen zu ihm hin; sie möchten ihm
zu Hilfe eilen, haben aber Angst, sich in etwas einzu-
mischen, was sie nichts angeht. Wladimir macht einen
Schritt auf Lucky zu. Estragon hält ihn am Ärmel zu-
rück.

WLADIMIR Laß mich los!

ESTRAGON Rühr' dich nicht.

POZZO Vorsicht! Er ist bissig. *Estragon und Wladimir*
schauen ihn an. Bei Fremden.

ESTRAGON *leise* Ist er das?

WLADIMIR Wer?

ESTRAGON Na, der . . .

WLADIMIR Godot?

ESTRAGON Ja eben.

POZZO Gestatten: Pozzo.

WLADIMIR Ach was!

ESTRAGON Er sagte: Godot.

WLADIMIR Ach was!

ESTRAGON *zu Pozzo* Mein Herr, sind Sie vielleicht Herr
Godot?

POZZO *mit furchterregender Stimme* Ich bin Pozzo!
Schweigen. Sagt Ihnen der Name nichts? *Schweigen.* Ich
frage Sie, ob Ihnen der Name nichts sagt?
Wladimir und Estragon blicken einander fragend an.

ESTRAGON *als ob er überlegte.* Bozzo . . . Bozzo . . .

WLADIMIR *dito* Pozzo . . .

POZZO PPPOZZO!

ESTRAGON Ah, Pozzo . . . ja, ja . . . Pozzo . . .

WLADIMIR Pozzo oder Bozzo?

ESTRAGON Pozzo . . . nein, ich wüßte nicht.

WLADIMIR *versöhnlich* Ich habe eine Familie Gozzo gekannt. Die Mutter arbeitete am Stickrahmen.
Pozzo geht drohend ein paar Schritte vor.

ESTRAGON *lebhaft* Wir sind nicht von hier, mein Herr.

POZZO *bleibt stehen* Sie sind aber doch menschliche Wesen. *Er setzt seine Brille auf.* Soweit ich sehe. *Er nimmt
die Brille ab.* Von derselben Gattung wie ich. *Er lacht
schallend.* Von derselben Gattung wie Pozzo! Göttlicher
Abstammung!

WLADIMIR Das heißt . . .

POZZO *ihm ins Wort fallend* Wer ist Godot?

ESTRAGON Godot?

POZZO Sie haben mich für Godot gehalten.

WLADIMIR O nein, mein Herr, keinen einzigen Augenblick.

POZZO Wer ist das?

WLADIMIR Nun ja, das ist ein . . . das ist ein Bekannter.

ESTRAGON Ach was, ich bitte dich, wir kennen ihn ja
kaum.

WLADIMIR Stimmt . . . wir kennen ihn nicht sehr gut . . .
aber immerhin . . .

ESTRAGON Ich für meinen Teil würde ihn nicht einmal wiedererkennen.

POZZO Sie haben mich für ihn gehalten.

ESTRAGON Das heißt . . . die Dunkelheit . . . die Müdigkeit
. . . die Schwäche . . . das Warten . . . ich gebe zu . . . ich
glaubte einen Moment . . .

WLADIMIR Hören Sie nicht auf ihn, mein Herr, hören Sie
nicht auf ihn!

POZZO Das Warten? Sie warteten also auf ihn?

WLADIMIR Das heißt . . .

POZZO Hier? Auf meinem Grund und Boden?

WLADIMIR Wir dachten uns nichts Böses dabei.

ESTRAGON Es geschah in guter Absicht.

POZZO Die Straße gehört allen.

WLADIMIR Das haben wir uns auch gesagt.

POZZO Es ist eine Schande, aber es ist so.

ESTRAGON Man kann es nicht ändern.

POZZO *mit großer Geste* Lassen wir das. *Er zieht am Strick.* Auf, du Schwein! *Pause.* Jedesmal, wenn er hinfällt, schläft er ein. *Er zieht am Strick.* Auf, du Aas! *Man hört Lucky aufstehen und seine Sachen aufheben.* Zurück! *Lucky kommt rückwärts gehend auf die Bühne.* Halt! *Lucky bleibt stehen.* Kehrt! *Lucky dreht sich um. Zu Wladimir und Estragon, leutselig.* Meine Freunde, ich bin glücklich, Ihnen begegnet zu sein. *Vor ihrem ungläubigen Blick.* Ganz gewiß, aufrichtig glücklich. *Er zieht am Strick.* Näher ran! *Lucky geht ein paar Schritte.* Halt! *Lucky bleibt stehen. Zu Wladimir und Estragon.* Jaja, der Weg ist weit, wenn man ganz allein unterwegs ist seit . . . *er schaut auf seine Uhr.* . . . seit . . . *er rechnet.* . . . sechs Stunden, ja, es stimmt, geschlagene sechs Stunden, ohne einer Menschenseele zu begegnen. *Zu Lucky.* Mantel! *Lucky stellt den Koffer hin, geht vor, reicht den Mantel, geht zurück, nimmt den Koffer wieder auf.* Festhalten! *Pozzo hält ihm die Peitsche hin, Lucky geht vor, und da er keine Hand mehr frei hat, bückt er sich, nimmt die Peitsche zwischen die Zähne, geht wieder zurück. Pozzo will seinen Mantel anziehen, hält inne.* Mantel! *Lucky stellt alles hin, geht vor, hilft Pozzo in den Mantel, geht zurück, nimmt alles wieder auf.* Es geht ein frischer Wind. *Er knöpft seinen Mantel von oben bis unten zu, beugt sich vor, mustert sich, richtet sich wieder auf.* Peitsche! *Lucky geht vor bückt sich, Pozzo reißt ihm die Peitsche aus dem Mund, Lucky geht wieder zurück.* Jaja, meine Freunde, ich kann nicht lange auf die Gesellschaft von meinesgleichen verzichten. *Er schaut Wladimir und Estragon an.* Selbst dann nicht, wenn sie mir nur unvollkommen glei-

chen. *Zu Lucky.* Stuhl! *Lucky stellt Koffer und Korb hin,
geht vor, klappt den Stuhl auf, stellt ihn hin, geht zurück,
nimmt Koffer und Korb wieder auf. Pozzo schaut auf den
Stuhl.* Näher ran! *Lucky stellt Koffer und Korb hin, geht
vor, schiebt den Stuhl weiter vor, geht zurück, nimmt Koffer
und Korb wieder auf. Pozzo setzt sich, drückt das Peit-
schenende auf Luckys Brust, stößt ihn zurück.* Zurück!
Lucky weicht zurück. Weiter! *Lucky geht noch weiter
zurück.* Halt! *Lucky bleibt stehen. Zu Wladimir und
Estragon.* Darum werde ich, wenn Sie gestatten, ein wenig bei Ihnen verweilen, ehe ich mich weiter vorwärts
wage. *Zu Lucky.* Korb! *Lucky geht vor, reicht den Korb,
geht wieder zurück.* Die frische Luft zehrt. *Er öffnet den
Korb, nimmt ein Hühnerbein, ein Stück Brot und eine
Flasche Wein heraus. Zu Lucky.* Korb! *Lucky geht vor,
nimmt den Korb, geht zurück, bleibt stehen.* Weiter weg!
Lucky geht weiter zurück. Halt! *Lucky bleibt stehen. Er
stinkt. Er trinkt einen großen Schluck aus der Flasche.*
Auf unser aller Wohl! *Er stellt die Flasche hin, beginnt zu
essen. Schweigen. Estragon und Wladimir fassen sich allmählich ein Herz, gehen um Lucky herum, betrachten ihn
von allen Seiten. Pozzo beißt gierig in das Hühnerbein,
lutscht den Knochen ab, wirft ihn weg. Lucky geht langsam in die Knie, bis der Koffer den Boden berührt, fährt
wieder auf, sackt wieder zusammen wie jemand, der im
Stehen schläft.*

ESTRAGON Was hat er?

WLADIMIR Er sieht müde aus.

ESTRAGON Warum setzt er sein Gepäck nicht ab?

WLADIMIR Weiß ich das? *Sie gehen näher an ihn heran.*
Vorsicht!

ESTRAGON Sollen wir ihn mal ansprechen?

WLADIMIR Schau dir das an!

ESTRAGON Was?

WLADIMIR *zeigt hin* Sein Hals.

ESTRAGON *betrachtet seinen Hals* Ich sehe nichts.

WLADIMIR Stell dich hierher. *Estragon stellt sich an Wladimirs Platz.*

ESTRAGON Tatsächlich.

WLADIMIR Ganz wund.

ESTRAGON Das macht der Strick.

WLADIMIR Das ewige Reiben.

ESTRAGON Nicht zu vermeiden.

WLADIMIR Das macht der Knoten.

ESTRAGON Nicht zu ändern.

Sie setzen ihre Besichtigung fort, machen beim Gesicht halt.

WLADIMIR Er ist nicht übel.

ESTRAGON *zuckt die Achseln, verzieht das Gesicht* Findest du?

WLADIMIR Etwas verweichlicht.

ESTRAGON Er sabbert.

WLADIMIR Das bleibt nicht aus.

ESTRAGON Er schäumt.

WLADIMIR Ist vielleicht ein Idiot.

ESTRAGON Ein Kretin.

WLADIMIR *streckt den Kopf vor* Er hat bestimmt 'nen Kropf.

ESTRAGON *streckt den Kopf ebenfalls vor* Das ist nicht gesagt.

WLADIMIR Er schnauft.

ESTRAGON Das ist klar.

WLADIMIR Und seine Augen!

ESTRAGON Was ist damit?

WLADIMIR Sie quellen ihm aus dem Kopf.

ESTRAGON Wenn du mich fragst, ist er am Verrecken.

WLADIMIR Das ist nicht gesagt! *Pause.* Frag ihn mal was.

ESTRAGON Meinst du?

WLADIMIR Was kann schon passieren?

ESTRAGON *schüchtern* Entschuldigen Sie ...

WLADIMIR Lauter.

ESTRAGON *lauter* Entschuldigen Sie bitte ...

POZZO Lassen Sie ihn in Ruhe. *Sie wenden sich zu Pozzo, der aufgehört hat zu essen und sich mit dem Handrücken den Mund abwischt.* Sehen Sie nicht, daß er sich ausruhen will? *Er nimmt seine Pfeife, beginnt sie zu stopfen. Estragon sieht den Hühnerknochen auf der Erde liegen, starrt ihn gierig an. Pozzo entzündet ein Streichholz, beginnt seine Pfeife anzuzünden.* Korb! *Lucky rührt sich nicht, Pozzo wirft das Streichholz zornig weg, zieht am Strick.* Korb! *Lucky fällt fast hin, kommt wieder zu sich, geht vor legt die Flasche in den Korb, kehrt an seinen Platz zurück, nimmt seine alte Haltung wieder ein. Estragon starrt auf den Hühnerknochen. Pozzo entfacht ein zweites Streichholz, zündet seine Pfeife an.* Was wollen Sie, er ist nicht vom Fach. *Er zieht an seiner Pfeife, streckt die Beine aus.* Ah! Jetzt geht's besser.

ESTRAGON *schüchtern* Mein Herr ...

POZZO Was ist denn, mein Sohn?

ESTRAGON Öh ... essen Sie ... öh ... brauchen Sie den Knochen nicht mehr, mein Herr?

WLADIMIR *ärgerlich* Konntest du nicht warten?

POZZO Was denn, was denn, da ist doch nichts dabei. Ob ich den Knochen brauche? *Er schiebt ihn mit dem Ende des Peitschenstiels etwas weiter weg.* Nein, ich persönlich brauche ihn nicht. *Estragon geht auf den Knochen zu.* Aber ... *Estragon bleibt stehen.* Aber eigentlich steht er dem Träger zu. Ihn müssen Sie also darum bitten. *Estragon wendet sich zu Lucky, zögert.* Bitten Sie doch, bitten Sie ihn, nur keine Angst, er wird es Ihnen schon sagen.

Estragon geht auf Lucky zu, bleibt vor ihm stehen.

ESTRAGON Entschuldigen Sie . . ., mein Herr.
*Lucky reagiert nicht. Pozzo knallt mit der Peitsche. Lucky
hebt den Kopf.*
POZZO Man spricht mit dir, du Schwein. Antworte! *Zu
Estragon.* Los!
ESTRAGON Entschuldigen Sie, mein Herr, der Knochen . . .
wollen Sie ihn? *Lucky schaut Estragon lange an.*
POZZO *verzückt* Mein Herr! *Lucky läßt den Kopf sinken.*
Antworte! Willst du ihn, oder willst du ihn nicht? *Lucky
schweigt. Zu Estragon* Er gehört Ihnen. *Estragon stürzt
sich auf den Knochen, hebt ihn auf, beginnt ihn abzuna-
gen.* Merkwürdig! Es ist sicher das erste Mal, daß er einen Knochen verschmäht. *Er schaut Lucky beunruhigt
an.* Ich hoffe, daß er sich nicht den Spaß erlaubt, mir
krank zu werden. *Er zieht an seiner Pfeife.*
WLADIMIR *empört, herausplatzend* Es ist eine Schande!
*Schweigen. Estragon, verblüfft, hört auf zu nagen, schaut
abwechselnd von Wladimir zu Pozzo. Pozzo bleibt ganz
ruhig. Wladimir wird immer verlegener.*
POZZO *zu Wladimir* Spielen Sie auf etwas Bestimmtes an?
WLADIMIR *entschlossen, stammelnd* Einen Menschen – *er
zeigt auf Lucky* – so zu behandeln . . . das finde ich . . . ein
menschliches Wesen . . . nein . . . das ist eine Schande!
ESTRAGON *der ihm nicht nachstehen möchte* Ein Skandal!
Er nagt weiter.
POZZO Sie sind hart. *Zu Wladimir* Wie alt sind Sie, wenn
ich fragen darf? *Schweigen.* Sechzig? . . . Siebzig? . . . *Zu
Estragon.* Wie alt mag er sein?
ESTRAGON Fragen Sie ihn doch.
POZZO Ich bin indiskret. *Er klopft die Pfeife am Peitschen-
stiel aus, steht auf.* Ich werde Sie verlassen. Ich bedanke
mich für Ihre Gesellschaft. *Er überlegt.* Es sei denn, ich
rauchte noch ein Pfeifchen mit Ihnen. Was meinen Sie?
Sie sagen nichts. Oh, ich bin nur ein mäßiger Raucher, ein

ganz mäßiger Raucher. Ich habe nicht die Gewohnheit,
zwei Pfeifen hintereinander zu rauchen. Dann *er legt
seine Hand aufs Herz* macht mein Herz bum bum. *Pause.*
Das kommt vom Nikotin, man nimmt es trotz aller Vorsicht in sich auf. *Er seufzt.* So ist es nun mal. *Pause.* Aber
vielleicht sind Sie Nichtraucher? Ja? Nein? Ist ja auch
egal. *Pause.* Aber wie soll ich mich jetzt wieder hinsetzen,
so ohne weiteres, nachdem ich schon stehe? Ohne daß es
aussieht, als würde ich – wie soll man sagen – weich werden? *Zu Wladimir.* Wie bitte? *Schweigen.* Vielleicht haben Sie gar nichts gesagt? *Schweigen.* Ist auch egal. Mal
sehen . . . *Er überlegt.*

ESTRAGON Ah! Jetzt geht's besser. *Er steckt den Knochen
in die Tasche.*

WLADIMIR Gehen wir?

ESTRAGON Schon?

POZZO Einen Moment. *Er zieht am Strick.* Stuhl! *Zeigt mit
der Peitsche den neuen Platz an. Lucky rückt den Stuhl
dorthin.* Weiter! Dahin! *Er setzt sich wieder. Lucky geht
zurück, nimmt Koffer und Korb wieder auf.* So, ich sitze
wieder! *Er stopft sich wieder eine Pfeife.*

WLADIMIR Gehen wir!

POZZO Ich vertreibe Sie doch hoffentlich nicht. Bleiben Sie
noch etwas, es wird Ihnen nicht leid tun.

ESTRAGON *der ein Almosen wittert* Wir haben Zeit!

POZZO *nachdem er sich die Pfeife angezündet hat* Die
zweite schmeckt nie so gut *er nimmt die Pfeife aus dem
Mund, betrachtet sie* wie die erste, finde ich. *Er steckt die
Pfeife wieder in den Mund.* Aber sie schmeckt trotzdem.

WLADIMIR Ich gehe.

POZZO Er kann meine Anwesenheit nicht mehr ertragen.
Ich bin vielleicht nicht gerade sehr menschlich, aber wer
ist es? *Zu Wladimir.* Überlegen Sie, bevor Sie eine
Dummheit begehen. Angenommen, Sie gingen jetzt, so-

lange noch Tag ist, denn es ist immerhin noch Tag. *Alle drei schauen zum Himmel.* Gut. Was würde dann ... *er nimmt die Pfeife aus dem Mund, betrachtet sie* ... sie ist aus ... *er zündet die Pfeife wieder an* ... was wird dann ... was wird dann ... was wird dann aus Ihrer Verabredung mit diesem ... Gono ... Godot ... Gobo ... *Pause* ... Sie wissen ja, wen ich meine, von dem Ihre Zukunft abhängt ... *Pause* ... jedenfalls Ihre nächste Zukunft.

ESTRAGON Er hat recht.

WLADIMIR Woher wissen Sie das?

POZZO Sieh da! Er spricht wieder mit mir! Am Ende werden wir noch gute Freunde.

ESTRAGON Warum setzt er sein Gepäck nicht ab?

POZZO Ich wäre auch glücklich, ihn kennenzulernen. Je mehr Leute ich kennenlerne, um so glücklicher bin ich. Das unscheinbarste Wesen kann einem helfen, sich fortzubilden, reicher zu werden, sein Glück besser zu genießen. Sogar Sie ... *er blickt aufmerksam von einem zum anderen, damit beide sich angesprochen fühlen* sogar Sie, wer weiß, haben mir möglicherweise etwas gegeben.

ESTRAGON Warum setzt er sein Gepäck nicht ab?

POZZO Aber es würde mich wundern.

WLADIMIR Man hat Ihnen eine Frage gestellt.

POZZO *entzückt* Eine Frage? Wer? Welche? *Schweigen.* Gerade sagten Sie noch zitternd ›mein Herr‹ zu mir. Jetzt stellen Sie mir Fragen. Das wird übel enden.

WLADIMIR *zu Estragon* Ich glaube, daß er jetzt zuhört.

ESTRAGON *der wieder um Lucky herumstreicht* Was?

WLADIMIR Du kannst ihn jetzt fragen. Er ist darauf gefaßt.

ESTRAGON Was soll ich ihn fragen?

WLADIMIR Warum er sein Gepäck nicht absetzt.

ESTRAGON Das frage ich mich auch.

WLADIMIR Frag ihn doch, los!

POZZO *der aus Angst, daß die Frage in Vergessenheit gera-*
ten könnte, der Unterhaltung aufmerksam gefolgt ist Sie
fragten mich, warum er sein Gepäck nicht absetzt, wie Sie
sagen.

WLADIMIR Eben.

POZZO *zu Estragon* Meinen Sie das auch?

ESTRAGON *streicht weiter um Lucky herum* Er schnaubt
wie ein Walroß.

POZZO Ich werde Ihnen antworten. *Zu Estragon.* Ich muß
Sie jedoch bitten, nicht mehr herumzulaufen; Sie machen
mich nervös.

WLADIMIR Komm her.

ESTRAGON Was gibt's?

WLADIMIR Er will was sagen.

Sie stehen nebeneinander, ohne sich zu rühren, und war-
ten.

POZZO Gut, sehr gut. Sind alle da? Schauen mich alle an?
Er schaut nach Lucky, zieht am Strick. Lucky hebt den
Kopf. Schau mich an, du Schwein! *Lucky schaut ihn an.*
Gut. *Er steckt die Pfeife in die Tasche, holt einen kleinen*
Zerstäuber hervor, besprüht seinen Rachen, steckt den
Zerstäuber wieder ein, räuspert sich, spuckt aus, holt den
Zerstäuber wieder hervor, besprüht seinen Rachen noch
einmal, steckt den Zerstäuber wieder ein. Ich bin soweit.
Hören alle zu? *Er schaut Lucky an, zieht am Strick.* Wei-
ter vor! *Lucky geht etwas hervor.* Halt! *Lucky bleibt ste-*
hen, läßt den Kopf sinken. Sind alle soweit? *Er schaut alle*
drei an, Lucky zuletzt. Er zieht am Strick. Wird's bald?
Lucky hebt den Kopf. Ich spreche nicht gern ins Leere.
Gut. Also ... *Er überlegt.*

ESTRAGON Ich gehe.

POZZO Was war es noch, wonach Sie mich gefragt haben?

WLADIMIR Warum er –

POZZO *wütend* Fallen Sie mir nicht ins Wort! *Pause. Ruhi-*

ger. Wenn wir alle gleichzeitig reden, kommen wir nie weiter. *Pause.* Was sagte ich noch? *Pause. Lauter.* Was sagte ich noch?
Wladimir mimt einen, der schweres Gepäck trägt. Pozzo schaut ihn verständnislos an.

ESTRAGON *mit Nachdruck* Gepäck! *Er zeigt mit dem Finger auf Lucky.* Warum? Immer tragen. *Er mimt einen, der zusammensinkt und nach Luft schnappt.* Niemals absetzen. *Er öffnet die Hände, richtet sich erleichtert auf.* Warum?

POZZO Ach so. Das hätten Sie eher sagen sollen. Warum er es sich nicht bequem macht? Versuchen wir, klar zu sehen. Darf er es nicht? Doch! Er will also nicht. Logisch! Und warum will er nicht? *Pause.* Meine Herren, ich werd es Ihnen sagen.

WLADIMIR Paß auf!

POZZO Um mich zu beeindrucken. Damit ich ihn behalte.

ESTRAGON Wie bitte?

POZZO Ich habe mich vielleicht schlecht ausgedrückt. Er versucht, mich weichzumachen, damit ich darauf verzichte, mich von ihm zu trennen. Nein, das stimmt nicht ganz.

WLADIMIR Wollen Sie ihn loswerden?

POZZO Er will mich kleinkriegen, aber er schafft es nicht.

WLADIMIR Wollen Sie ihn loswerden?

POZZO Er bildet sich ein, wenn er sich als guter Träger erweist, wäre ich geneigt, ihn auch in Zukunft in dieser Eigenschaft zu verwenden.

ESTRAGON Wollen Sie ihn nicht mehr haben?

POZZO Er trägt nämlich wie ein Schwein. Er ist nicht vom Fach.

WLADIMIR Wollen Sie ihn loswerden?

POZZO Er stellt sich vor, daß ich meinen Entschluß bedauern würde, wenn ich ihn so unermüdlich sehe. Das ist seine elende Berechnung. Als ob ich Mangel an Knechten hätte. *Alle drei schauen Lucky an.* Atlas, Japetos' Sohn! *Pause.* Ich glaube, Ihre Frage beantwortet zu haben. Haben Sie noch andere? *Er besprüht wieder seinen Rachen.*

WLADIMIR Wollen Sie ihn loswerden?

POZZO Ich hätte ja auch in seiner Haut stecken können und er in meiner. Wenn der Zufall es nicht anders gewollt hätte. Jedem das Seine.

WLADIMIR Wollen Sie ihn loswerden?

POZZO Wie bitte?

WLADIMIR Wollen Sie ihn loswerden?

POZZO In der Tat. Aber anstatt ihn fortzujagen, was ich gekonnt hätte, ich meine, anstatt ihn einfach mit einem Tritt in den Hintern vor die Tür zu setzen, bring ich ihn – so gut bin ich nun mal – zum Salvator-Markt, wo er mir hoffentlich noch etwas einbringen wird. Offen gestanden, solche Wesen fortzujagen ist unmöglich. Das beste wäre, man brächte sie um. *Lucky weint.*

ESTRAGON Er weint.

POZZO Alte Hunde haben mehr Ehrgefühl. *Er reicht Estragon sein Taschentuch.* Trösten Sie ihn, da Sie ihn schon beklagen. *Estragon zögert.* Nehmen Sie. *Estragon nimmt das Taschentuch.* Wischen Sie ihm die Augen, dann fühlt er sich nicht so einsam. *Estragon zögert immer noch.*

WLADIMIR Gib her, ich mach das schon. *Estragon will das Taschentuch nicht hergeben. Kindliche Gesten.*

POZZO Schnell, schnell, sonst weint er nicht mehr.

Estragon nähert sich Lucky, schickt sich an, ihm die Tränen abzuwischen. Lucky versetzt ihm einen heftigen Fußtritt gegen das Schienbein. Estragon läßt das Taschentuch fallen, springt zurück, läuft hinkend über die ganze Bühne, heult vor Schmerzen. Taschentuch.

Lucky setzt Koffer und Korb ab, hebt das Taschentuch auf, geht vor, gibt es Pozzo, geht zurück, nimmt Koffer und Korb wieder auf.

ESTRAGON Du Biest! Du Schweinehund! *Er krempelt seine Hose auf.* Er hat mir eins verpaßt!

POZZO Ich hatte Ihnen ja gesagt, daß er Fremde nicht leiden kann.

WLADIMIR *zu Estragon* Zeig her. *Estragon zeigt ihm sein Bein.*

Zu Pozzo, zornig. Er blutet.

POZZO Ein gutes Zeichen!

ESTRAGON *hält das verletzte Bein hoch* Ich kann nicht mehr laufen!

WLADIMIR *zärtlich* Ich trag dich. *Pause.* Wenn's sein muß.

POZZO Er weint nicht mehr. *Zu Estragon.* Sie haben ihn sozusagen abgelöst. *Träumerisch.* Die Tränen der Welt sind unvergänglich. Für jeden, der anfängt zu weinen, hört ein anderer irgendwo auf. Genauso ist es mit dem Lachen. *Er lacht.* Sagen wir also nichts Schlechtes von unserer Epoche. Sie ist nicht unglücklicher als die vergangene. *Pause.* Sagen wir auch nichts Gutes von ihr. *Schweigen.* Die Bevölkerung hat allerdings zugenommen.

WLADIMIR Versuch' zu laufen.

Estragon macht hinkend ein paar Schritte, bleibt vor Lucky stehen, spuckt ihn an, setzt sich dann an dieselbe Stelle wie am Anfang des Stücks.

POZZO Wissen Sie, wer mir all diese schönen Sachen beigebracht hat? *Pause. Er zeigt mit dem Finger auf seinen Begleiter.* Mein Lucky!

WLADIMIR *schaut zum Himmel* Wird es denn niemals Nacht?

POZZO Ohne ihn hätte ich nie etwas anderes gedacht, etwas anderes gefühlt als die niederen Dinge, mit denen ich beruflich zu tun habe als . . . einerlei. Schönheit, Anmut,

reine Wahrheit, das war zu hoch für mich. Darum habe
ich mir einen Knuck genommen.

WLADIMIR *hört unwillkürlich auf, zum Himmel zu
schauen* Einen Knuck?

POZZO Das ist nun bald sechzig Jahre her. *Er rechnet es im
Kopf nach* ... ja, bald sechzig. *Er richtet sich stolz auf.*
Das würde man nicht sagen, nicht wahr? *Wladimir
schaut Lucky an.* Neben ihm sehe ich aus wie ein junger
Mann, oder? *Pause. Zu Lucky.* Hut! *Lucky stellt den
Korb hin, nimmt seinen Hut ab. Wallendes weißes Haar
fällt ihm auf die Schultern. Er klemmt den Hut untern
Arm, nimmt den Korb wieder auf.* Jetzt aufgepaßt. *Pozzo
nimmt den Hut ab. Alle vier tragen steife Hüte, ›Melo-
nen‹. – Pozzo hat eine Glatze. Er setzt den Hut wieder
auf.* Haben Sie gesehen?

WLADIMIR Was ist ein Knuck?

POZZO Sie sind auch nicht von hier. Sind Sie überhaupt aus
unserem Jahrhundert? Früher hatte man Hofnarren.
Heutzutage hat man Knucks. Wenn man es sich leisten
kann.

WLADIMIR Und nun jagen Sie ihn fort? Einen so alten, so
treuen Diener?

ESTRAGON Scheißkerl!

Pozzo wird immer unruhiger.

WLADIMIR Nachdem Sie ihm das Mark ausgesaugt haben,
werfen Sie ihn weg wie einen ... *er sucht* ... wie eine
Bananenschale. Das ist wirklich ...

POZZO *faßt sich mit beiden Händen an den Kopf, stöhnt.*
Ich kann nicht mehr ... kann nicht mehr ertragen ...
was er macht ... können nicht wissen ... es ist schrecklich ... er muß gehen ... *er fuchtelt mit den Armen* ...
ich werde verrückt ... *Er bricht zusammen, vergräbt den
Kopf in den Armen.* Ich kann nicht mehr ... kann nicht
mehr ...

Schweigen
Alle schauen Pozzo an.
Lucky zittert.

WLADIMIR Er kann nicht mehr.

ESTRAGON Es ist schrecklich.

WLADIMIR Er wird verrückt.

ESTRAGON Er muß gehen.

WLADIMIR *zu Lucky* Wie kommen Sie dazu? Eine
Schande! Ein so guter Herr! Ihn so leiden zu lassen!
Nach so vielen Jahren! Wahrhaftig!

POZZO *schluchzend* Früher . . . war er nett zu mir . . . er
half mir . . . zerstreute mich . . . er war mein guter Geist
. . . jetzt bringt er mich um . . .

ESTRAGON *zu Wladimir* Will er ihn ersetzen?

WLADIMIR Wie bitte?

ESTRAGON Ich hab nicht verstanden, ob er ihn ersetzen
will oder ob er nach ihm keinen mehr haben will.

WLADIMIR Ich glaube nicht.

ESTRAGON Wie bitte?

WLADIMIR Ich weiß nicht.

ESTRAGON Frag ihn mal.

POZZO *wieder ruhiger* Meine Herren, ich weiß nicht, was
mit mir passiert ist. Verzeihen Sie bitte. Vergessen Sie das
alles. *Immer beherrschter.* Ich weiß nicht mehr genau,
was ich gesagt habe, aber Sie können sicher sein, daß kein
wahres Wort daran war. *Er richtet sich auf, schlägt sich
an die Brust.* Sehe ich aus wie einer, den man leiden läßt,
ich? Na, hören Sie mal! *Er sucht in seinen Taschen.* Was
habe ich mit meiner Pfeife gemacht?

WLADIMIR Reizender Abend.

ESTRAGON Unvergeßlich.

WLADIMIR Und noch nicht vorbei.

ESTRAGON Es sieht so aus.

WLADIMIR Es fängt erst an.

ESTRAGON Es ist schrecklich.

WLADIMIR Schlimmer als im Theater.

ESTRAGON Im Zirkus.

WLADIMIR Im Varieté.

ESTRAGON Im Zirkus.

POZZO Was habe ich bloß mit meiner Bruyère gemacht!

ESTRAGON Ist ja toll! Er hat seinen Rotzkocher verloren! *Er lacht schallend.*

WLADIMIR Ich komm gleich wieder! *Er geht auf die Kulisse zu.*

ESTRAGON Am Ende des Ganges links.

WLADIMIR Halt mir den Platz frei. *Ab.*

POZZO Ich habe meine Abdullah verloren!

ESTRAGON *krümmt sich vor Lachen* Man lacht sich krumm.

POZZO *blickt auf* Haben Sie vielleicht gesehen, wo ... *Er bemerkt Wladimirs Abwesenheit. Untröstlich.* Oh! Er ist weg! Ohne mir auf Wiedersehn zu sagen! Das ist nicht nett! Sie hätten ihn zurückhalten sollen.

ESTRAGON Er hat sich selbst zurückgehalten.

POZZO Oh! *Pause.* Das ist was anderes ...

ESTRAGON *steht auf* Kommen Sie her.

POZZO Wozu?

ESTRAGON Sie werden's schon sehen.

POZZO Soll ich aufstehen?

ESTRAGON Kommen Sie ... kommen Sie ... schnell. *Pozzo steht auf, geht zu Estragon.*

ESTRAGON Sehen Sie!

POZZO O je! O je!

ESTRAGON Vorbei!

Wladimir kommt mißgestimmt zurück, läuft Lucky fast um, tritt gegen den Stuhl, der umkippt, geht erregt auf und ab.

POZZO Er ist unzufrieden.

ESTRAGON Du hast tolle Sachen verpaßt. Schade.

Wladimir bleibt stehen, stellt den Stuhl wieder hin, geht weiter auf und ab, etwas ruhiger.

POZZO Er wird friedlich. *Blick in die Runde.* Übrigens, alles wird friedlich, ich fühl's. Ein süßer Friede sinkt herab. Hören Sie! *Er hebt die Hand.* Pan schläft.

WLADIMIR *bleibt stehen* Wird es denn niemals Nacht?

Alle drei schauen zum Himmel.

POZZO Wollen Sie nicht vorher weggehen?

ESTRAGON Doch, ... das heißt ...

POZZO Aber das ist doch ganz natürlich, ganz natürlich. Ich an Ihrer Stelle würde auch, wenn ich eine Verabredung hätte mit einem ... Gono ... Godot ... Gobo ... Sie wissen schon, wen ich meine, ich würde auch die tiefe Nacht abwarten, bevor ich aufgäbe. *Er schaut auf den Stuhl.* Ich möchte mich gern wieder hinsetzen, aber ich weiß nicht recht, wie ich es machen soll.

ESTRAGON Kann ich Ihnen helfen?

POZZO Vielleicht, wenn Sie mich darum bitten würden.

ESTRAGON Worum?

POZZO Wenn Sie mich bitten würden, wieder Platz zu nehmen.

ESTRAGON Wäre Ihnen damit gedient?

POZZO Ich glaube wohl.

ESTRAGON Also los. Nehmen Sie doch wieder Platz, mein Herr, ich bitte Sie.

POZZO Nein, nein, es ist nicht der Mühe wert. *Pause. Leiser.* Nicht lockerlassen!

ESTRAGON Aber ich bitte Sie, bleiben Sie doch nicht so stehen, Sie werden sich erkälten.

POZZO Glauben Sie?

ESTRAGON Aber gewiß, ganz gewiß.

POZZO Wahrscheinlich haben Sie recht. *Er setzt sich.* Vielen Dank, mein Lieber. So, ich sitze wieder. *Estragon setzt*

sich auch wieder. Pozzo schaut auf die Uhr. Aber es wird
Zeit, daß ich Sie verlasse, wenn ich nicht zu spät kommen
will.

WLADIMIR Die Zeit ist stehengeblieben.

POZZO *hält die Uhr ans Ohr* Glauben Sie das nicht, mein
Herr, glauben Sie das nicht. *Er steckt die Uhr wieder ein.*
Alles, was Sie wollen, nur das nicht.

ESTRAGON *zu Pozzo* Er sieht heute alles schwarz.

POZZO Bis auf das Firmament. *Er lacht zufrieden über diesen Witz.* Nur Geduld, es wird schon kommen. Aber ich
merke, Sie sind nicht von hier, Sie wissen noch nicht, was
das ist, eine Dämmerung hierzulande. Soll ich es Ihnen
sagen? *Schweigen. Estragon untersucht wieder seinen
Schuh, Wladimir seinen Hut. Luckys Hut fällt herunter,
ohne daß er es merkt.* Ich will Ihnen gern den Gefallen
tun. *Spiel mit dem Zerstäuber.* Darf ich um etwas Auf-
merksamkeit bitten?
*Estragon und Wladimir lassen sich nicht ablenken. Lucky
ist halb eingeschlafen. Pozzo schwingt seine Peitsche, die
nur sehr schwach knallt.* Was ist denn mit der Peitsche?
*Er steht auf, läßt sie lauter knallen, schließlich mit Erfolg.
Lucky fährt auf. Estragon läßt seinen Schuh, Wladimir
seinen Hut fallen. Pozzo wirft die Peitsche weg.* Taugt
nichts mehr, die Peitsche. *Er schaut seine Zuhörer an.*
Was sagte ich noch?

WLADIMIR Komm, wir gehen.

ESTRAGON Bleiben Sie doch nicht so stehen, Sie holen sich
den Tod.

POZZO Das stimmt. *Er setzt sich wieder. Zu Estragon.* Wie
heißen Sie eigentlich?

ESTRAGON *wie aus der Pistole geschossen* Catull.

POZZO *der nicht zugehört hat* Ach ja, die Nacht. *Er blickt
auf.* Passen Sie doch etwas besser auf, sonst kommen
wir ja zu nichts. *Er blickt zum Himmel.* Schauen Sie

mal. *Alle blicken zum Himmel außer Lucky, der wieder
vor sich hindöst. Pozzo merkt es, zieht am Strick.* Willst
du wohl den Himmel anschauen, du Schwein? *Lucky
schaut nach oben.* Gut, das genügt. *Sie senken den Kopf
wieder.* Was ist daran so außergewöhnlich? Für einen
Himmel? Er ist blaß und leuchtend wie jeder Himmel
um diese Tageszeit. *Pause.* Um diese Jahreszeit. *Pause.* In
diesen Breiten. *Pause.* Bei schönem Wetter. *Verfällt in einen lyrischen Ton.* Vor einer Stunde *er schaut auf die
Uhr, wieder sachlich* ungefähr *wieder lyrisch,* nachdem
er uns seit *er stockt, spricht sachlich weiter* sagen wir,
zehn Uhr morgens *wieder lyrisch* unermüdlich mit Flu-
ten roten und weißen Lichts überströmt hat, begann er
seinen Glanz zu verlieren, blasser zu werden, *dabei
senkt er nach und nach die Hände* blasser, immer etwas
blasser und noch etwas blasser, bis *dramatische Pause,
weit ausholende waagerechte Geste mit beiden Armen*
zack! nichts mehr, sich nichts mehr rührt. *Pause.* Aber
er hebt mahnend eine Hand – aber hinter diesem
Schleier süßen Friedens *er hebt die Augen zum Himmel,
die anderen, außer Lucky, ebenfalls* galoppiert die
Nacht *seine Stimme bebt* und überfällt uns *er schnippt
mit den Fingern* fft! einfach so *die Phantasie verläßt ihn*
gerade dann, wenn wir am wenigsten darauf gefaßt
sind. *Schweigen, düster* So geht es eben auf dieser ver-
fluchten Erde.
Lange Pause.

ESTRAGON Wenn man es nur weiß.

WLADIMIR Dann kann man sich darauf einstellen.

ESTRAGON Dann weiß man, woran man ist.

WLADIMIR Kein Grund mehr zur Sorge.

ESTRAGON Man braucht nur zu warten.

WLADIMIR Wir sind daran gewöhnt. *Er hebt seinen Hut
auf, schaut hinein, schüttelt ihn, setzt ihn wieder auf.*

POZZO Wie fanden Sie mich? *Estragon und Wladimir schauen ihn verständnislos an.* Gut? Mäßig? Leidlich? Nicht besonders? Glattweg schlecht?

WLADIMIR *begreift als erster* Oh, sehr gut, sehr, sehr gut!

POZZO *zu Estragon* Und Sie, mein Herr?

ESTRAGON *mit englischem Akzent* Oh, sehr gut, sehr, sehr gut!

POZZO *schwungvoll* Danke, meine Herren! *Pause.* Ich brauche die Ermutigung so sehr! *Er überlegt.* Ich fiel etwas ab gegen Ende. Haben Sie es nicht gemerkt?

WLADIMIR Oh, vielleicht ein ganz klein wenig.

ESTRAGON Ich glaubte, es gehörte dazu.

POZZO Mein Gedächtnis ist nicht mehr, was es war.
Schweigen.

ESTRAGON Es passiert aber auch gar nichts.

POZZO *bedauernd* Langweilen Sie sich?

ESTRAGON Allerdings.

POZZO *zu Wladimir* Und Sie, mein Herr?

WLADIMIR Es ist kein reines Vergnügen.
Schweigen.
Pozzo kämpft mit sich.

POZZO Meine Herren, Sie waren ... *er sucht* ... anständig zu mir.

ESTRAGON Aber nein.

WLADIMIR Ach was!

POZZO Aber ja doch, Sie waren korrekt, so daß ich mich frage ... Was kann ich meinerseits für diese guten Leute tun, die sich so langweilen?

ESTRAGON Ein paar Mark kämen uns gut zustatten.

WLADIMIR Wir sind keine Bettler.

POZZO Was kann ich tun, so frage ich mich, damit ihnen die Zeit nicht so lang wird? Ich habe ihnen einen Knochen gegeben, ich habe ihnen von diesem und jenem erzählt, ich habe ihnen die Dämmerung erklärt. Soweit, so gut. Und das ist nicht mal alles. Aber ist es genug, das quält mich eben, ist es genug?

ESTRAGON Ein paar Groschen tun's auch.

WLADIMIR Sei still!

ESTRAGON Ich bin auf dem besten Wege dazu.

POZZO Ist es genug? Wahrscheinlich. Aber ich bin großzügig. Das ist meine Art. Heute. Nicht zu ändern. *Er zieht am Strick. Lucky schaut ihn an.* Denn ich werde leiden, das ist sicher. *Er bückt sich, ohne aufzustehen, hebt die Peitsche auf.* Was wollen Sie lieber? Soll er tanzen, soll er singen, soll er rezitieren, soll er denken, soll er . . .

ESTRAGON Wer?

POZZO Wer? Können Sie etwa denken, Sie beide?

WLADIMIR Er denkt?

POZZO In der Tat. Und zwar laut. Früher dachte er sogar recht hübsch, ich konnte ihm stundenlang zuhören. Jetzt . . . *es schaudert ihn.* Na ja, nicht zu ändern. Also, soll er uns etwas vordenken?

ESTRAGON Mir wär's lieber, wenn er tanzte, das wär lustiger.

POZZO Nicht unbedingt.

ESTRAGON Nicht wahr, Didi, das wär doch lustiger.

WLADIMIR Ich möchte ihn gern denken hören.

ESTRAGON Er könnte vielleicht zuerst tanzen und dann denken, wenn das nicht zuviel von ihm verlangt ist.

WLADIMIR *zu Pozzo* Wäre das möglich?

POZZO Aber sicher. Nichts leichter als das. Es ist übrigens die natürliche Reihenfolge. *Kurzes Lachen.*

WLADIMIR Lassen Sie ihn also tanzen.

Schweigen.

POZZO *zu Lucky* Hörst du?

ESTRAGON Weigert er sich nie?

POZZO Das sage ich Ihnen nachher. *Zu Lucky.* Tanze, du Schweinigel.

Lucky stellt Koffer und Korb hin, geht ein wenig vor,
wendet sich zu Pozzo. Estragon steht auf, um besser zu
sehen. Lucky tanzt, hört wieder auf zu tanzen.

ESTRAGON Ist das alles?

POZZO Weiter!

Lucky wiederholt dieselben Bewegungen, hört wieder
auf.

ESTRAGON Also wirklich! *Er ahmt Lucky nach.* Das kann
ich auch. *Er verliert das Gleichgewicht, fällt beinahe.* Mit
etwas Übung.

WLADIMIR Er ist müde.

POZZO Früher tanzte er die Farandole, die Almée, den
Branle, die Gigue, den Fandango und sogar den Horn-
pipe. Er sprang dabei. Jetzt macht er nur noch das. Wissen Sie, wie er es nennt?

ESTRAGON Den Tod des armen Schluckers.

WLADIMIR Das Krebsgeschwür der Greise.

POZZO Den Netztanz. Er bildet sich ein, er steckt in einem
Netz.

WLADIMIR *mit einigen gekünstelten Bewegungen* Es ist
etwas daran . . .

Lucky will wieder zu seinem Gepäck gehen.

POZZO *wie zu einem Pferd* Hühh!

Lucky bleibt stehen.

ESTRAGON Weigert er sich nie?

POZZO Ich werde es Ihnen erklären. *Er kramt in seinen Ta-*
schen. Warten Sie. *Er kramt.* Was habe ich denn mit meinem Bällchen gemacht? *Er kramt.* Na, so was! *Er blickt*
auf, bestürzt. Mit todschwacher Stimme. Ich habe meinen
Zerstäuber verloren!

ESTRAGON *mit todschwacher Stimme* Meine linke Lunge
ist sehr schwach. *Er hüstelt. Mit Donnerstimme.* Aber
meine rechte Lunge ist kerngesund.

POZZO *mit normaler Stimme* Na, wenn schon, es geht

auch ohne. Was sagte ich noch? *Er überlegt.* Warten Sie!
Er überlegt. So was! *Er hebt den* Kopf. Helfen Sie mir!

ESTRAGON Ich überlege.

WLADIMIR Ich auch.

POZZO Warten Sie!
 *Alle drei nehmen gleichzeitig den Hut ab, fassen sich mit
 der Hand an die Stirn, denken angestrengt nach. Langes
 Schweigen.*

ESTRAGON *triumphierend* Ah!

WLADIMIR Er hat's.

POZZO *ungeduldig* Na und?

ESTRAGON Warum setzt er sein Gepäck nicht ab?

WLADIMIR Ach was!

POZZO Sind Sie sicher?

WLADIMIR Das haben Sie uns doch schon gesagt.

POZZO Das habe ich Ihnen schon gesagt?

ESTRAGON Das hat er uns schon gesagt?

WLADIMIR Er hat es übrigens abgesetzt.

ESTRAGON *Blick zu Lucky* Ach ja. Ja und?

WLADIMIR Da er sein Gepäck schon abgesetzt hat, können
 wir ihn gar nicht gefragt haben, warum er es nicht absetzt.

POZZO Das ist logisch gedacht.

ESTRAGON Und warum hat er es abgesetzt?

POZZO Ja warum?

WLADIMIR Um zu tanzen.

ESTRAGON Ach ja.
 Schweigen.

ESTRAGON *steht auf* Es geschieht nichts. Keiner kommt,
 keiner geht, es ist schrecklich.

WLADIMIR *zu Pozzo* Lassen Sie ihn denken.

POZZO Geben Sie ihm seinen Hut.

WLADIMIR Seinen Hut?

POZZO Ohne Hut kann er nicht denken.

WLADIMIR *zu Estragon* Gib ihm seinen Hut.

ESTRAGON Ich! Nach dem Tritt, den er mir verpaßt hat? Niemals!

WLADIMIR Ich werde ihn ihm selbst geben. *Er rührt sich nicht.*

ESTRAGON Soll er ihn sich doch holen!

POZZO Es ist besser, wenn man ihn ihm gibt.

WLADIMIR Ich werde ihn ihm geben.
Er hebt den Hut auf, reicht ihn Lucky mit weit ausgestrecktem Arm. Lucky rührt sich nicht.

POZZO Sie müssen ihn ihm aufsetzen.

ESTRAGON *zu Pozzo* Sagen Sie ihm, er soll ihn sich nehmen.

POZZO Es ist besser, wenn man ihn ihm aufsetzt.

WLADIMIR Ich werde ihn ihm aufsetzen.
Er geht vorsichtig um Lucky herum, nähert sich ihm leise von hinten, setzt ihm den Hut auf, springt schnell wieder zurück. Lucky rührt sich nicht. Schweigen.

ESTRAGON Worauf wartet er noch?

POZZO Gehen Sie weiter weg! *Estragon und Wladimir entfernen sich von Lucky. Pozzo zieht am Strick. Lucky schaut ihn an.* Denke, du Schwein! *Pause. Lucky fängt an zu tanzen.* Hör auf! *Lucky hört auf.* Weiter vor! *Lucky geht auf Pozzo zu.* Halt! *Lucky bleibt stehen.* Denke!! *Pause.*

LUCKY Andererseits ist in Anbetracht...

POZZO Hör auf! *Lucky schweigt.* Zurück! *Lucky geht zurück.* Halt! *Lucky bleibt stehen.* Hühh! *Lucky wendet sich zum Publikum.* Denke!!

LUCKY *monoton* Auf Grund der sich aus den letzten öffentlichen Arbeiten von Poinçon und Wattmann ergebenden Existenz eines persönlichen Gottes kwakwakwakwa mit weißem Bart kwakwa außerhalb von Zeit und Raum der aus der Höhe seiner göttlichen Apathie göttlichen Athambie göttlichen Aphasie uns lieb hat bis auf einige

Ausnahmen man weiß nicht warum aber das kommt
noch und leidet wie die gött-
liche Miranda mit denen die
man weiß nicht warum aber
man hat ja Zeit in der Folter-
kammer sind in dem Feuer dessen Feuer dessen Flammen
wenn es auch noch ein wenig
dauert und wer kann daran

*Estragon und Wladi-
mir immer aufmerk-
samer, Pozzo nieder-
geschlagen und
angeekelt.*

zweifeln am Ende alles in die Luft sprengen nämlich die
Hölle in den Himmel schießen der so blau manchmal
noch heute und ruhig so ruhig von einer Ruhe die wenn
auch sporadisch nichtsdestoweniger willkommen ist aber
greifen wir nicht vor und andererseits in Anbetracht dessen daß im Anschluß an die unvollendeten Forschungen
aber greifen wir nicht vor die unvollendeten Forschungen
nichtsdestoweniger prämiiert von der Akakakakademie
der Anthropopopometrie in Burg am Berg von Testu und
Conard festgestellt wurde bei Ausschaltung aller Fehler-
quellen bis auf die bei menschlichen Berechnungen nicht
auszuschließenden   Irrtümer
daß im Anschluß an die unvollendeten unvollendeten Forschungen von Testu und Conard festgestellt gestellt gestellt
wurde was folgt was folgt was
nämlich folgt aber greifen wir

*Estragon und Wladi-
mir beginnen zu mur-
ren, Pozzo leidet im-
mer mehr.*

nicht vor man weiß nicht warum im Anschluß an die Arbeiten von Poinçon und Wattmann es ebenso klar erscheint wie im Hinblick auf die Bemühungen von Fartov
und Belcher unvollendet unvollendet man weiß nicht
warum von Testu und Conard unvollendet unvollendet
wird deutlich daß der Mensch im Gegensatz zu der entge-
gengesetzten Meinung daß der Mensch in Burg von Testu

und Conard daß also der Mensch kurzum daß kurzum
der Mensch also trotz der Fortschritte in der Ernährung
und bei der Darmentleerung im Begriff ist abzumagern
und zugleich parallel dazu man weiß nicht warum trotz
des Aufschwungs bei Leibesübungen der Ausübung von
Sportarten wie wie wie Tennis Fußball Rennen zu Fuß
und mit dem Fahrrad Schwimmen Reiten Fliegen Siegen
Tennis Kegeln Kunstlauf auf
Eis und auf Asphalt Tennis Fliegen Sport Sport Wintersport
Sommersport und Herbstsport
Herbstsport Tennis auf Rasen
auf Tanne und auf Asche Fliegen Tennis Hockey zu Lande zu
Wasser und in der Luft Penicil-

*Estragon und Wladi-
mir beruhigen sich,
hören wieder zu,
Pozzo immer aufge-
regter, seufzend.*

lin und Surrogate kurzum ich wiederhole zugleich parallel dazu kleiner zu werden man weiß nicht warum trotz
Tennis ich wiederhole Fliegen Golf mit neun und mit
achtzehn Löchern Tennis auf Eis kurz man weiß nicht
warum an Rhein Rhein und Ruhr Rhein und Main Main
und Ruhr zugleich parallel dazu man weiß nicht warum
abzumagern einzugehen ich wiederhole Ruhr Main
kurzum mit Verlust pro Nase schlankweg seit Gottscheds
Tod von zwei Fingern hundert Gramm pro Nase übern
Daumen im Durchschnitt ungefähr rund gerechnet gut
und reichlich Lebendgewicht ohne Schuhe in Oldenburg
man weiß nicht warum kurzum also nicht so wichtig es
läßt sich nicht leugnen und wenn man andererseits bedenkt was noch schlimmer ist daß daraus hervorgeht
was noch schlimmer ist daß im Lichte im Lichte der lau-
fenden Untersuchungen von Steinweg und Petermann
daraus hervorgeht was noch schlimmer ist daß daraus
hervorgeht was noch schlimmer ist im Lichte im Lichte
der aufgegebenen Versuche von Steinweg und Petermann

daß auf dem Lande im Gebirge und am Rande der Meere der Ströme von Wasser und Feuer die Luft dieselbe ist und die Erde nämlich die Luft und die Erde bei der großen Kälte die Luft und die Erde gut für die Steine bei der großen Kälte leider leider in dem siebenten saeculum ihrer Ära der Äther die Erde das Meer gut für die Steine in den großen Tiefen bei der großen Kälte zu Wasser zu Land und in der Luft leider leider ich wiederhole man weiß nicht warum trotz Tennis die

Wladimir und Estragon protestieren lauthals. Pozzo springt plötzlich auf, zieht am Strick. Alle schreien. Lucky zieht am Strick, stolpert, brüllt. Alle fallen über Lucky her, der um sich schlägt, seinen Text brüllt.

Dinge sind so man weiß nicht warum ich wiederhole weiter kurzum also leider leider weiter gut für die Steine wer kann daran zweifeln ich wiederhole aber greifen wir nicht vor ich wiederhole der Kopf zugleich parallel dazu man weiß nicht warum trotz Tennis weiter der Bart die Flammen die Tränen die Steine so blau so ruhig leider leider der Kopf der Kopf der Kopf der Kopf in Oldenburg trotz Tennis Bemühungen aufgegeben unvollendet noch schlimmer die Steine kurzum ich wiederhole leider leider aufgegeben unvollendet der Kopf der Kopf in Oldenburg trotz Tennis der Kopf leider leider die Steine Conard Conard . . . *Handgemenge. Lucky stößt noch ein paar Worte hervor.* Tennis! . . . Steine! . . . So ruhig! . . . Conard! . . . Unvollendet! . . .

POZZO Sein Hut!

Wladimir reißt Lucky den Hut vom Kopf; Lucky verstummt, fällt. Langes Schweigen. Die Sieger kommen wieder zu Atem.

ESTRAGON Das war die Rache!

Wladimir betrachtet Luckys Hut, schaut hinein.

POZZO Geben Sie her! *Er reißt Wladimir den Hut aus den Händen, wirft ihn auf die Erde, trampelt darauf herum.* So, jetzt denkt er nicht mehr!

WLADIMIR Kann er sich denn noch orientieren?

POZZO Ich werde ihn schon entsprechend traktieren. *Er versetzt Lucky Fußtritte.* Auf! Du Schwein!

ESTRAGON Vielleicht ist er tot.

WLADIMIR Sie bringen ihn noch um.

POZZO Auf! Du Aas! *Er zieht am Strick, Lucky rutscht ein wenig. Zu Estragon und Wladimir* Helfen Sie mir.

WLADIMIR Ja, aber wie?

POZZO Richten Sie ihn auf.

Estragon und Wladimir stellen Lucky auf die Beine, halten ihn einen Augenblick, lassen ihn los. Er fällt wieder.

ESTRAGON Er macht's extra.

POZZO Man muß ihn stützen.

Pause.

Los, los, richten Sie ihn auf.

ESTRAGON Ich hab's satt.

WLADIMIR Komm, wir versuchen es noch mal.

ESTRAGON Wofür hält er uns?

WLADIMIR Komm.

Sie stellen Lucky auf die Beine und stützen ihn.

POZZO Lassen Sie ihn nicht los! *Estragon und Wladimir schwanken.* Bleiben Sie so stehen. *Pozzo holt Koffer und Korb, bringt sie Lucky.* Halten Sie ihn gut fest. *Er drückt Lucky den Koffer in die Hand. Lucky läßt ihn sofort fallen.* Lassen Sie ihn nicht los! *Er versucht es noch einmal. Nach und nach kommt Lucky bei der Berührung mit dem Koffer wieder zu sich, seine Finger klammern sich schließlich um den Griff.* Halten Sie ihn weiter fest! *Dasselbe Spiel mit dem Korb.* So, jetzt können Sie ihn loslassen.

Estragon und Wladimir treten zurück, Lucky strauchelt,
wird weich in den Knien, hält sich trotzdem aufrecht,
Koffer und Korb umklammernd. Pozzo geht etwas zu-
rück, knallt mit der Peitsche. Vorwärts! *Lucky geht vor.*
Zurück! *Lucky geht zurück.* Kehrt! *Lucky macht eine*
Kehrtwendung. Es klappt, er kann wieder laufen. Zu
Estragon und Wladimir. Vielen Dank, meine Herren, und
lassen Sie mich Ihnen wünschen *er sucht in seinen Ta-*
schen. Ihnen wünschen *er sucht.* Ihnen wünschen *er sucht*
wo habe ich bloß meine Uhr hingesteckt? *Er sucht.* Na,
so was! *Er schaut sie entgeistert an.* Eine echte Sprungdeckeluhr, meine Herren, mit Sekundenzeiger. Ein Ge-
schenk von meinem Opa! *Er sucht.* Sie ist vielleicht run-
tergefallen. *Er sucht auf der Erde, Estragon und Wladi-*
mir ebenfalls. Pozzo dreht mit dem Fuß die Reste von
Luckys Hut um.
So was, nein, so was!

WLADIMIR Sie steckt vielleicht in Ihrer Westentasche.

POZZO Moment mal! *Er beugt sich vor, versucht an seinem*
Bauch zu lauschen. Ich höre nichts! *Er winkt sie zu sich*
heran. Kommen Sie, hören Sie! *Estragon und Wladimir*
nähern sich, beugen sich über seinen Bauch. Schweigen.
Man müßte eigentlich das Ticken hören.

WLADIMIR Ruhe!

Alle lauschen, nach vorn gebeugt.

ESTRAGON Ich höre was.

POZZO Wo?

WLADIMIR Es ist das Herz!

POZZO *enttäuscht* Verflucht noch mal!

WLADIMIR Ruhe!

Sie lauschen.

ESTRAGON Vielleicht ist sie stehengeblieben.

Sie richten sich auf.

POZZO Wer von Ihnen riecht so schlecht?

ESTRAGON Er stinkt aus dem Mund, ich an den Füßen.

POZZO Ich verlasse Sie.

ESTRAGON Und Ihre Sprungdeckeluhr?

POZZO   Ich habe sie wohl im Schloß liegenlassen.

ESTRAGON Also adieu!

POZZO Adieu!

WLADIMIR Adieu!

ESTRAGON Adieu!

    Schweigen. Keiner rührt sich.

WLADIMIR Adieu!

POZZO Adieu!

ESTRAGON Adieu!

    Schweigen.

POZZO Und vielen Dank auch.

WLADIMIR Wir danken Ihnen.

POZZO Nichts zu danken.

ESTRAGON Doch, doch.

POZZO Nein, nein.

WLADIMIR Doch, doch.

ESTRAGON Nein, nein.

    Schweigen.

POZZO Ich komme einfach nicht . . . *er zögert* . . . weg von
hier.

ESTRAGON So ist das Leben.

    *Pozzo dreht sich um, läßt Lucky allein stehen, geht auf
die rechte Kulisse zu, dem Strick immer mehr Spiel ge-
bend.*

WLADIMIR Sie gehen in die falsche Richtung.

POZZO Ich muß doch einen Anlauf nehmen. *Am Ende des
Stricks angelangt, in der Kulisse, bleibt er stehen, dreht
sich um, ruft.* Platz da! *Estragon und Wladimir stellen
sich hinten hin, blicken zu Pozzo. Peitschenknall.* Los!
Lucky bewegt sich nicht.

ESTRAGON Los!

WLADIMIR Los!

Peitschenknall. Lucky setzt sich in Bewegung.

POZZO Schneller! *Er kommt wieder aus den Kulissen, über-*
quert, Lucky folgend, die Bühne. Estragon und Wladimir
ziehen den Hut, winken. Lucky verläßt die Bühne. Pozzo
knallt mit Strick und Peitsche. Schneller! Schneller! *Be-*
vor auch er verschwindet, bleibt er noch einmal stehen,
dreht sich um. Der Strick spannt sich. Man hört Lucky
fallen. Stuhl! *Wladimir holt den Stuhl, gibt ihn Pozzo, der*
ihn Lucky zuwirft. Adieu!

ESTRAGON und WLADIMIR *winkend* Adieu! Adieu!

POZZO Auf! Du Schwein! *Man hört Lucky wieder aufste-*
hen. Los! *Pozzo verschwindet. Peitschenknallen.* Los,
vorwärts! Adieu! Schneller! Du Schwein! Hüh! Adieu!
Langes Schweigen.

WLADIMIR So ist die Zeit vergangen.

ESTRAGON Sie wäre sowieso vergangen.

WLADIMIR Ja. Aber langsamer!
Pause.

ESTRAGON Was sollen wir jetzt machen?

WLADIMIR Ich weiß nicht.

ESTRAGON Komm, wir gehen.

WLADIMIR Wir können nicht.

ESTRAGON Warum nicht?

WLADIMIR Wir warten auf Godot.

ESTRAGON Ach ja.
Pause.

WLADIMIR Sie haben sich sehr verändert.

ESTRAGON Wer?

WLADIMIR Die beiden.

ESTRAGON Richtig, laß uns ein bißchen Konversation machen.

WLADIMIR Findest du nicht, daß sie sich sehr verändert
haben?

ESTRAGON Möglich. Nur wir ändern uns nie.

WLADIMIR Möglich? Ganz sicher. Du hast sie doch genau
gesehen?

ESTRAGON Mag sein. Aber ich kenne sie nicht.

WLADIMIR Doch, doch, du kennst sie.

ESTRAGON Nein, nein.

WLADIMIR Und ob wir sie kennen! Du vergißt alles. *Pause.*
Es sei denn, daß es nicht dieselben sind.

ESTRAGON Sie haben uns doch nicht erkannt.

WLADIMIR Das will nichts heißen. Ich habe auch so getan,
als würde ich sie nicht erkennen. Und uns erkennt man
sowieso nie.

ESTRAGON Hör auf! Man müßte ... Au! *Wladimir reagiert nicht.* Au!

WLADIMIR Es sei denn, daß es nicht dieselben sind.

ESTRAGON Didi! Es ist der andere Fuß! *Er humpelt zu der
Stelle, wo er am Anfang gesessen hat.*

STIMME HINTER DEN KULISSEN Mein Herr ...
*Estragon bleibt stehen. Beide schauen in die Richtung,
aus der die Stimme kommt.*

ESTRAGON Es geht wieder los.

WLADIMIR Komm her, mein Junge.
Ein Knabe tritt ängstlich auf. Er bleibt stehen.

JUNGE Herr Albert.

WLADIMIR Hier bin ich.

ESTRAGON Was willst du?
Der Junge rührt sich nicht von der Stelle.

ESTRAGON *laut* Komm her, hörst du nicht?
Der Junge geht ängstlich weiter vor, bleibt stehen.

WLADIMIR Was ist denn?

JUNGE Herr Godot ... *Er schweigt wieder.*

WLADIMIR Natürlich. *Pause.* Komm her.
Der Junge rührt sich nicht von der Stelle.

ESTRAGON Komm her, hörst du nicht?

Der Junge geht ängstlich weiter vor, bleibt stehen.
Warum kommst du so spät?

WLADIMIR Bringst du eine Nachricht von Herrn Godot?

JUNGE Ja!

WLADIMIR Dann raus damit.

ESTRAGON Warum kommst du so spät?

Der Junge schaut von einem zum anderen, weiß nicht, wem er antworten soll.

WLADIMIR *zu Estragon* Laß ihn in Ruhe.

ESTRAGON *zu Wladimir* Halt dich raus! *Geht auf den Jungen zu.* Weißt du, wie spät es ist?

JUNGE *zurückweichend* Es ist nicht meine Schuld.

ESTRAGON Ist es vielleicht meine?

JUNGE Ich hatte Angst.

ESTRAGON Angst, wovor? Vor uns? *Pause.* Antworte!

WLADIMIR Ich weiß schon, vor den anderen.

ESTRAGON Wie lange bist du hier?

JUNGE Schon eine Weile.

WLADIMIR Hattest du Angst vor der Peitsche?

JUNGE Ja.

WLADIMIR Vor dem Geschrei?

JUNGE Ja.

WLADIMIR Vor den beiden Herren?

JUNGE Ja.

WLADIMIR Kennst du sie?

JUNGE Nein.

WLADIMIR Bist du von hier?

JUNGE Ja.

ESTRAGON Alles gelogen! *Er packt den Jungen am Arm, schüttelt ihn.* Sag uns die Wahrheit!

JUNGE *zitternd* Das ist doch die Wahrheit.

WLADIMIR Laß ihn doch in Ruhe! Was hast du nur?

Estragon läßt den Jungen los, weicht zurück, vergräbt sein Gesicht in den Händen. Wladimir und der Junge

schauen ihn an. Estragon nimmt die Hände vom Gesicht,
blickt tief betrübt.
Was hast du?

ESTRAGON Ich bin unglücklich.

WLADIMIR Nicht möglich! Seit wann?

ESTRAGON Ich hatte es vergessen.

WLADIMIR Das Gedächtnis spielt uns solche Streiche.
Estragon will etwas sagen, läßt es aber, humpelt fort, setzt
sich, beginnt seinen Schuh auszuziehen. Zu dem Jungen.
Na?

JUNGE Herr Godot ...

WLADIMIR *unterbricht ihn* Ich habe dich doch schon mal
gesehen, nicht wahr?

JUNGE Ich weiß nicht.

WLADIMIR Kennst du mich nicht?

JUNGE Nein.

WLADIMIR Warst du nicht gestern schon hier?

JUNGE Nein.

WLADIMIR Kommst du zum erstenmal?

JUNGE Ja. *Pause.*

WLADIMIR Das sagt man so. *Pause.* Na ja. Weiter.

JUNGE *in einem Zuge* Herr Godot hat mir gesagt, Ihnen zu
sagen, daß er heute abend nicht kommt, aber bestimmt
morgen. *Pause.*

WLADIMIR Ist das alles?

JUNGE Ja.

WLADIMIR Arbeitest du für Herrn Godot?

JUNGE Ja.

WLADIMIR Was machst du denn?

JUNGE Ich hüte die Ziegen.

WLADIMIR Ist er gut zu dir?

JUNGE Ja.

WLADIMIR Schlägt er dich nicht?

JUNGE Nein, mich nicht.

WLADIMIR Wen schlägt er denn?

JUNGE Er schlägt meinen Bruder.

WLADIMIR Ah! Du hast einen Bruder?

JUNGE Ja.

WLADIMIR Und was macht der?

JUNGE Er hütet die Schafe.

WLADIMIR Und warum schlägt er dich nicht?

JUNGE Ich weiß nicht.

WLADIMIR Er hat dich wohl gern?

JUNGE Ich weiß nicht.

WLADIMIR Gibt er dir genug zu essen? *Der Junge zögert.*
Gibt er dir gut zu essen?

JUNGE Ziemlich gut.

WLADIMIR Du bist nicht unglücklich? *Der Junge zögert.*
Hörst du?

JUNGE Ja.

WLADIMIR Na, und?

JUNGE Ich weiß nicht.

WLADIMIR Du weißt nicht, ob du unglücklich bist oder
nicht?

JUNGE Nein.

WLADIMIR Genau wie ich. *Pause.* Und wo schläfst du?

JUNGE Auf dem Dachboden.

WLADIMIR Zusammen mit deinem Bruder?

JUNGE Ja.

WLADIMIR Im Heu?

JUNGE Ja.
Pause.

WLADIMIR Gut, dann geh nur.

JUNGE Was soll ich Herrn Godot sagen?

WLADIMIR Sag ihm . . . *er zögert* sag ihm, daß du uns gesehen hast. *Pause.*
Du hast uns doch genau gesehen, nicht wahr?

JUNGE Ja.

Er geht ein paar Schritte zurück, dreht sich um, rennt weg. Das Licht wird plötzlich schwächer, es wird schnell Nacht. Im Hintergrund geht der Mond auf, steigt zum Himmel, bleibt stehen, taucht die Bühne in ein silbriges Licht.

WLADIMIR Endlich! *Estragon steht auf, geht mit beiden Schuhen in der Hand zu Wladimir. Er stellt sie dicht an die Rampe, richtet sich auf, betrachtet den Mond.* Was machst du?

ESTRAGON Dasselbe wie du, ich gucke in den Mond.

WLADIMIR Ich meine, mit deinen Schuhen.

ESTRAGON Die laß ich stehen. *Pause.* Ein anderer wird kommen, einer genauso ... genauso ... wie ich, aber mit kleineren Füßen, und sich freuen.

WLADIMIR Du kannst aber nicht barfuß laufen.

ESTRAGON Jesus hat es getan.

WLADIMIR Jesus! Was soll denn das heißen? Du willst dich doch wohl nicht mit Jesus vergleichen?

ESTRAGON Mein Leben lang hab ich mich mit ihm verglichen.

WLADIMIR Aber da unten war's warm! War's schön!

ESTRAGON Ja. Und man kreuzigte schnell.
Schweigen.

WLADIMIR Wir haben hier nichts mehr verloren.

ESTRAGON Anderswo auch nicht.

WLADIMIR Hör mal, Gogo, sei nicht so. Morgen geht's wieder besser.

ESTRAGON Wieso?

WLADIMIR Hast du nicht gehört, was der Junge gesagt hat?

ESTRAGON Nein.

WLADIMIR Er hat gesagt, daß Godot morgen bestimmt kommt. *Pause.* Das sagt dir wohl nichts?

ESTRAGON Also brauchen wir nur hier zu warten.

WLADIMIR Du bist verrückt. Wir müssen irgendwo unterkommen. *Er packt Estragon am Arm.* Komm. *Er zieht ihn weiter. Estragon gibt zunächst nach, sträubt sich dann. Sie bleiben stehen.*

ESTRAGON *schaut den Baum an* Schade, daß wir keinen Strick haben.

WLADIMIR Komm. Es wird kalt. *Er zieht ihn hinter sich her. Estragon folgt, sträubt sich dann wieder.*

ESTRAGON Hilf mir daran zu denken, daß ich morgen einen Strick mitbringe.

WLADIMIR Ja. Komm. *Er zieht ihn hinter sich her. Estragon folgt, sträubt sich abermals.*

ESTRAGON Wie lange sind wir nun schon immer so zusammen?

WLADIMIR Ich weiß nicht. Fünfzig Jahre vielleicht.

ESTRAGON Erinnerst du dich an den Tag, an dem ich in den Rhein gesprungen bin?

WLADIMIR Wir waren bei der Weinlese.

ESTRAGON Du hast mich herausgefischt.

WLADIMIR Das ist längst begraben und vergessen.

ESTRAGON Meine Kleider trockneten in der Sonne.

WLADIMIR Denk nicht mehr daran. Komm. *Estragon gibt zunächst nach, bleibt dann stehen.*

ESTRAGON Warte.

WLADIMIR Mich friert.

ESTRAGON Ich frage mich, ob wir nicht besser allein geblieben wären, jeder für sich. *Pause.* Wir waren nicht für denselben Weg gemacht.

WLADIMIR *ohne Zorn* Das ist nicht sicher.

ESTRAGON Nein, nichts ist sicher.

WLADIMIR Wir können noch auseinandergehen, wenn du meinst, daß es besser wäre.

ESTRAGON Jetzt lohnt es sich nicht mehr. *Schweigen.*

WLADIMIR Nein, jetzt lohnt es sich nicht mehr. *Schweigen.*

ESTRAGON Also, wir gehen?
WLADIMIR Gehen wir!
  Sie rühren sich nicht von der Stelle.

  Vorhang.

Zweiter Akt

Der nächste Tag, die gleiche Zeit, derselbe Ort. Estragons Schuhe stehen dicht an der Rampe, die Absätze nebeneinander, die Schuhspitzen auseinander. Luckys Hut liegt noch da, wo er liegengeblieben war.
Der Baum hat ein paar Blätter.
Wladimir tritt mit flotten Schritten auf. Er bleibt stehen, betrachtet eine Zeitlang den Baum. Dann beginnt er plötzlich kreuz und quer über die Bühne zu laufen. Er bleibt vor den Schuhen stehen, bückt sich, hebt einen auf, mustert ihn eingehend, schnüffelt daran, stellt ihn behutsam zurück an seinen Platz. Wieder hastiges Hin und Her. Er bleibt vor der rechten Kulisse stehen, blickt eine Weile in die Ferne, die Augen mit der Hand abschirmend, läuft wieder hin und her, bleibt vor der linken Kulisse stehen, blickt in die Ferne, wieder die Augen abschirmend, läuft wieder hin und her, bleibt plötzlich stehen, faltet die Hände vor der Brust, wirft den Kopf zurück und beginnt aus voller Brust zu singen.

WLADIMIR Ein Hund kam in . . .
  Da er zu tief einsetzt, hört er auf, hustet, fängt von neuem an, etwas höher.
  Ein Hund kam in die Küche
  Und stahl dem Koch ein Ei.
  Da nahm der Koch den Löffel
  Und schlug den Hund zu Brei.
  Da kamen die anderen Hunde
  Und gruben ihm ein Grab . . .
  Er stockt, denkt nach, setzt wieder an.
  Da kamen die anderen Hunde
  Und gruben ihm ein Grab.
  Und setzten ihm ein'n Grabstein,

Worauf geschrieben stand:
Ein Hund kam in die Küche
Und stahl dem Koch ein Ei.
Da nahm der Koch den Löffel
Und schlug den Hund zu Brei.
Da kamen die anderen Hunde
Und gruben ihm ein Grab . . .
Er stockt, denkt nach, setzt wieder an.
Da kamen die anderen Hunde
Und gruben ihm ein Grab . . .
Er stockt, denkt nach, setzt wieder an, etwas leiser.
Und gruben ihm ein Grab . . .
*Er verstummt, bleibt einen Augenblick stehen, ohne sich
zu rühren, läuft wieder hastig hin und her. Er bleibt wie-
der vor dem Baum stehen, geht einmal hin und her, bleibt
vor den Schuhen stehen, geht einmal hin und her, läuft
zur linken Kulisse, blickt in die Ferne, läuft zur rechten
Kulisse, blickt in die Ferne. In diesem Augenblick kommt
Estragon von links, barfuß, mit hängendem Kopf, geht
langsam über die Bühne.*

WLADIMIR *dreht sich um, sieht ihn* Du schon wieder!
*Estragon bleibt stehen, blickt aber nicht auf. Wladimir
geht auf ihn zu.* Komm! laß dich umarmen!

ESTRAGON Rühr mich nicht an!
Wladimir hält bekümmert inne. Schweigen.

WLADIMIR Soll ich gehen? *Pause.* Gogo! *Pause. Wladimir
sieht ihn aufmerksam an.* Hat man dich geschlagen?
Pause. Gogo! *Estragon hält den Kopf gesenkt, schweigt
weiter.* Wo warst du die letzte Nacht? *Schweigen, Wladimir geht ein paar Schritte vor.*

ESTRAGON Rühr mich nicht an! Nichts fragen! Nichts sagen! Bleib bei mir!

WLADIMIR Hab ich dich jemals allein gelassen?

ESTRAGON Du hast mich gehen lassen.

WLADIMIR Schau mich an! *Estragon rührt sich nicht. Mit donnernder Stimme.* Schau mich an, sag ich! *Estragon blickt auf. Sie schauen einander lange an, gehen zurück und wieder vor, den Kopf leicht geneigt wie vor einem Kunstgegenstand, kommen einander zitternd näher, fallen sich in die Arme, einer dem anderen auf den Rücken schlagend. Ende der Umarmung. Estragon, ohne Stütze, fällt beinahe.*

ESTRAGON Was für ein Tag!

WLADIMIR Wer hat dich so zugerichtet? Erzähl doch!

ESTRAGON Wieder ein Tag weniger.

WLADIMIR Noch nicht.

ESTRAGON Für mich ist er vorbei, ganz gleich, was passiert. *Schweigen.* Du hast vorhin gesungen, ich hab es gehört.

WLADIMIR Du hast recht, ich erinnere mich.

ESTRAGON Das hat mir weh getan. Ich sagte mir, er ist allein, er glaubt, ich sei für immer weg, und er singt.

WLADIMIR Man ist nicht Herr seiner Launen. Ich fühl mich schon den ganzen Tag in bester Form. *Pause.* Ich brauchte die ganze Nacht nicht aufzustehen. Nicht ein einziges Mal.

ESTRAGON *traurig* Siehst du, du pißt besser, wenn ich nicht da bin.

WLADIMIR Du fehltest mir, und doch war ich glücklich. Ist das nicht merkwürdig?

ESTRAGON *empört* Glücklich?

WLADIMIR *nach kurzer Überlegung* Das ist vielleicht nicht das richtige Wort.

ESTRAGON Und jetzt?

WLADIMIR *nachdem er mit sich zu Rate gegangen ist* Jetzt ... ja ... *freudig* da bist du wieder ... *gleichgültig* da sind wir wieder ... *traurig* da bin ich wieder.

ESTRAGON Siehst du, es geht dir schlechter, wenn ich da bin.

Ich fühle mich auch wohler allein.

WLADIMIR *pikiert* Warum bist du denn wiedergekommen?

ESTRAGON Ich weiß nicht.

WLADIMIR Aber ich weiß es. Weil du dich nicht wehren kannst. Ich hätte nicht zugelassen, daß sie dich schlagen.

ESTRAGON Du hättest sie nicht daran hindern können.

WLADIMIR Wieso?

ESTRAGON Es waren zehn.

WLADIMIR Ach was, ich meine, daß ich dich daran gehindert hätte, etwas zu machen, was dich in Gefahr bringt.

ESTRAGON Ich habe gar nichts gemacht.

WLADIMIR Warum haben sie dich denn geschlagen?

ESTRAGON Ich weiß nicht.

WLADIMIR Ach, Gogo, es gibt Dinge, von denen du keine Ahnung hast, ich aber wohl. Das mußt du doch spüren.

ESTRAGON Ich sage dir, daß ich nichts gemacht habe.

WLADIMIR Mag sein. Aber es kommt ganz darauf an, wie man das macht, wenn man seine Haut liebt. Aber reden wir nicht mehr davon. Du bist wieder da, und ich bin glücklich.

ESTRAGON Es waren zehn.

WLADIMIR Du mußt eigentlich auch glücklich sein, gib's zu.

ESTRAGON Worüber glücklich?

WLADIMIR Daß du mich wieder hast.

ESTRAGON Meinst du?

WLADIMIR Sag es doch, auch wenn es nicht wahr ist.

ESTRAGON Was soll ich denn sagen?

WLADIMIR Sag: Ich bin glücklich.

ESTRAGON Ich bin glücklich.

WLADIMIR Ich auch.

ESTRAGON Ich auch.

WLADIMIR Wir sind glücklich.

ESTRAGON Wir sind glücklich.

Schweigen.

Was sollen wir jetzt machen, da wir glücklich sind?

WLADIMIR Wir warten auf Godot.

ESTRAGON Ach ja.

Schweigen.

WLADIMIR Es gibt was Neues hier seit gestern.

ESTRAGON Und wenn er nicht kommt?

WLADIMIR *zunächst verständnislos, dann* Das werden wir dann sehen. *Pause.* Ich sagte, daß es was Neues gibt hier seit gestern.

ESTRAGON Alles fließt.

WLADIMIR Schau dir mal den Baum an.

ESTRAGON Man steigt nicht zweimal in dieselbe Jauche.

WLADIMIR Der Baum, hab ich gesagt, schau dir den Baum an! *Estragon schaut den Baum an.*

ESTRAGON Stand der gestern nicht da?

WLADIMIR Doch, doch. Erinnerst du dich nicht? Um ein Haar hätten wir uns an ihm aufgehängt. Aber du wolltest nicht. Erinnerst du dich nicht?

ESTRAGON Das hast du geträumt.

WLADIMIR Ist es möglich, daß du das schon vergessen hast?

ESTRAGON Ich bin nun mal so. Entweder vergesse ich sofort, oder ich vergesse nie.

WLADIMIR Und Pozzo und Lucky, hast du die auch vergessen?

ESTRAGON Pozzo und Lucky?

WLADIMIR Er hat alles vergessen!

ESTRAGON Ich erinnere mich an einen, der mich getreten hat wie ein Verrückter. Dann hat er den Idioten gespielt.

WLADIMIR Das war Lucky.

ESTRAGON Daran erinnere ich mich. Aber wann war das?

WLADIMIR Und der andere, der ihn an der Leine führte, erinnerst du dich an den?

ESTRAGON Der hat mir einen Knochen gegeben.

WLADIMIR Das war Pozzo!

ESTRAGON Und du sagst, daß all das gestern war?

WLADIMIR Na klar.

ESTRAGON Und an dieser Stelle?

WLADIMIR Aber sicher! Erkennst du sie nicht wieder?

ESTRAGON *plötzlich wütend* Wiedererkennen! Was ist da wiederzuerkennen? Ich bin mein ganzes beschissenes Leben lang im Dreck rumgekrochen! Und da verlangst du, daß ich Nuancen sehe! *Er blickt in die Runde.* Schau dir doch den Schlamassel an! Ich bin nie hier herausgekommen!

WLADIMIR Ruhig, ruhig.

ESTRAGON Hör mir also auf mit deinen Landschaften. Sag mir lieber, wie es drunter aussieht!

WLADIMIR Du wirst doch nicht behaupten, daß es hier *Geste* aussieht wie ... wie im Breisgau! Das ist doch wohl ein großer Unterschied.

ESTRAGON Breisgau! Wer spricht hier vom Breisgau?

WLADIMIR Du bist doch im Breisgau gewesen?

ESTRAGON Nein, ich bin nie im Breisgau gewesen! Ich habe meine ganze Lebenslust hier ausgepißt, sag ich dir. Hier, im Scheißgau.

WLADIMIR Wir waren aber zusammen im Breisgau. Ich lege meine Hand dafür ins Feuer. Wir haben bei der Weinlese mitgemacht. Bei einem ... wie hieß er noch ... Guttmann in Dürkweiler.

ESTRAGON *ruhiger* Möglich. Ist mir nicht aufgefallen.

WLADIMIR Da leuchtet doch alles so rot.

ESTRAGON *gereizt* Ist mir nicht aufgefallen, sag ich dir! *Schweigen. Wladimir seufzt.*

WLADIMIR Man hat es nicht leicht mit dir, Gogo.

ESTRAGON Wir sollten lieber auseinandergehen.

WLADIMIR Das sagst du immer. Und jedesmal kommst du wieder. *Schweigen.*

ESTRAGON Das beste wäre, mich einfach umzubringen wie den anderen.

WLADIMIR Welchen anderen? *Pause*. Welchen anderen?

ESTRAGON Wie Millionen andere.

WLADIMIR *betonend* Jedem sein Kreuzchen. *Er seufzt*. Bis man begraben *ist* . . . *Pause* . . . und vergessen.

ESTRAGON Einstweilen wollen wir uns in aller Ruhe unterhalten, da wir doch nicht schweigen können.

WLADIMIR Du hast recht. Wir sind unerschöpflich.

ESTRAGON Um nicht denken zu müssen.

WLADIMIR Wir haben Entschuldigungen.

ESTRAGON Um nicht hören zu müssen.

WLADIMIR Wir haben unsere Gründe.

ESTRAGON All die toten Stimmen.

WLADIMIR Die rauschen wie Flügel.

ESTRAGON Wie Blätter.

WLADIMIR Wie Sand.

ESTRAGON Wie Blätter.
  Schweigen.

WLADIMIR Sie sprechen alle gleichzeitig.

ESTRAGON Jede für sich.
  Schweigen.

WLADIMIR Sie flüstern vielmehr.

ESTRAGON Sie murmeln.

WLADIMIR Sie rauschen.

ESTRAGON Sie murmeln.
  Schweigen.

WLADIMIR Was sagen sie?

ESTRAGON Sie sprechen über ihr Leben.

WLADIMIR Es genügt ihnen nicht, gelebt zu haben.

ESTRAGON Sie müssen darüber sprechen.

WLADIMIR Es genügt ihnen nicht, tot zu sein.

ESTRAGON Das genügt nicht.
  Schweigen.

WLADIMIR Es ist wie das Rauschen von Federn.
ESTRAGON Von Blättern.
WLADIMIR Von Asche.
ESTRAGON Von Blättern.
  Langes Schweigen.
WLADIMIR Sag doch was!
ESTRAGON Ich suche.
  Langes Schweigen.
WLADIMIR *angstvoll* Sag doch irgendwas.
ESTRAGON Was sollen wir jetzt machen?
WLADIMIR Wir warten auf Godot.
ESTRAGON Ach ja.
  Schweigen.
WLADIMIR Ist das schwer!
ESTRAGON Willst du nicht was singen?
WLADIMIR Nein, nein. *Er sucht.* Wir brauchen nur wieder
  von vorne anzufangen.
ESTRAGON Das sollte wirklich nicht schwer sein.
WLADIMIR Aller Anfang ist schwer.
ESTRAGON Ist doch egal, womit wir anfangen.
WLADIMIR Ja, aber wir müssen uns entscheiden.
ESTRAGON Eben.
  Schweigen.
WLADIMIR Hilf mir!
ESTRAGON Ich suche.
  Schweigen.
WLADIMIR Wenn man sucht, hört man.
ESTRAGON Eben.
WLADIMIR Wenn man hört, kann man nichts finden.
ESTRAGON Stimmt.
WLADIMIR Wenn man hört, kann man nicht denken.
ESTRAGON Man denkt aber doch.
WLADIMIR Ach was, das ist unmöglich.
ESTRAGON Ja, richtig, wir wollen einander widersprechen.

WLADIMIR Unmöglich.

ESTRAGON Meinst du?

WLADIMIR Keine Gefahr mehr, daß wir denken.

ESTRAGON Worüber beklagen wir uns dann?

WLADIMIR Denken ist nicht das Schlimmste.

ESTRAGON Gewiß, gewiß, aber das ist doch schon etwas.

WLADIMIR Wieso, das ist doch schon etwas?

ESTRAGON Ja, richtig, wir wollen uns Fragen stellen.

WLADIMIR Was willst du damit sagen, das ist doch schon etwas?

ESTRAGON Das ist doch schon etwas weniger

WLADIMIR Eben.

ESTRAGON Also? Wie wär's, wenn wir uns mal freuten?

WLADIMIR Das Schreckliche ist eben, gedacht zu haben.

ESTRAGON Ist uns das je passiert?

WLADIMIR Woher kommen all diese Leichen?

ESTRAGON Diese Gebeine.

WLADIMIR Eben.

ESTRAGON Richtig.

WLADIMIR Wir müssen doch wohl ein wenig gedacht haben.

ESTRAGON Ganz am Anfang.

WLADIMIR Ein Beinhaus, ein Beinhaus.

ESTRAGON Man braucht ja nicht hinzuschauen.

WLADIMIR Es zieht den Blick an.

ESTRAGON Stimmt.

WLADIMIR Trotz allem.

ESTRAGON Wie bitte?

WLADIMIR Trotz allem.

ESTRAGON Man sollte sich entschlossen der Natur zuwenden.

WLADIMIR Wir haben's versucht.

ESTRAGON Stimmt.

WLADIMIR Oh, es ist nicht das Schlimmste, gewiß nicht.

ESTRAGON Was denn?

WLADIMIR Gedacht zu haben.

ESTRAGON So ist es.

WLADIMIR Aber wir hätten darauf verzichten können.

ESTRAGON Eben.

WLADIMIR Ich weiß, ich weiß. *Schweigen.*

ESTRAGON Das war mal ein flotter kleiner Galopp.

WLADIMIR Ja, aber jetzt muß uns was anderes einfallen.

ESTRAGON Mal sehen.

WLADIMIR Mal sehen.

ESTRAGON Mal sehen.

    Sie überlegen.

WLADIMIR Was sagte ich noch? Man könnte da anknüpfen.

ESTRAGON Wann?

WLADIMIR Ganz am Anfang.

ESTRAGON An welchem Anfang?

WLADIMIR Heute abend. Ich sagte ... ich sagte ...

ESTRAGON Jetzt verlangst du aber zuviel von mir.

WLADIMIR Moment mal ... wir haben uns umarmt ... wir waren glücklich ... glücklich ... was machen wir jetzt, da wir glücklich sind ... wir warten ... Moment ... es kommt ... wir warten ... jetzt, da wir glücklich sind ... wir warten ... Moment ... Ah! Der Baum!

ESTRAGON Der Baum?

WLADIMIR Erinnerst du dich nicht?

ESTRAGON Ich bin müde.

WLADIMIR Schau ihn dir an.

    Estragon schaut den Baum an.

ESTRAGON Ich sehe nichts.

WLADIMIR Gestern abend war er noch schwarz und fahl, ein Gerippe! Heute ist er voller Blätter.

ESTRAGON Blätter?

WLADIMIR In einer einzigen Nacht!

ESTRAGON Das muß der Frühling sein.

WLADIMIR Aber in einer einzigen Nacht!

ESTRAGON Ich sag dir doch, daß wir gestern abend nicht hier waren. Wieder so ein Alptraum von dir.

WLADIMIR Und wo sollen wir gestern abend gewesen sein, deiner Meinung nach?

ESTRAGON Ich weiß nicht. Woanders. In einem anderen Abteil. Es fehlt nicht an leerem Raum.

WLADIMIR *seiner Sache sicher* Gut. Wir waren gestern abend nicht hier. Was haben wir dann gestern abend gemacht?

ESTRAGON Was wir gemacht haben?

WLADIMIR Versuch mal, dich zu erinnern.

ESTRAGON Hm. Wir haben sicher miteinander gequatscht.

WLADIMIR *sich beherrschend* Worüber?

ESTRAGON Oh . . . über dies und das, dummes Zeug. *In sicherem Ton.* Ja, es fällt mir wieder ein, gestern abend haben wir dummes Zeug gequatscht. Das tun wir ja schon seit einem halben Jahrhundert.

WLADIMIR Erinnerst du dich nicht an irgendwas Bestimmtes, eine einzige Begebenheit?

ESTRAGON *müde* Quäl mich doch nicht, Didi.

WLADIMIR Die Sonne? Der Mond? Erinnerst du dich nicht?

ESTRAGON Sie waren sicher da, wie immer.

WLADIMIR Ist dir nichts Ungewöhnliches aufgefallen?

ESTRAGON Leider nicht.

WLADIMIR Und Pozzo? Und Lucky?

ESTRAGON Pozzo?

WLADIMIR Der Knochen.

ESTRAGON Wohl eher eine Gräte.

WLADIMIR Das war Pozzo, der sie dir gegeben hat.

ESTRAGON Ich weiß nicht.

WLADIMIR Und der Fußtritt?

ESTRAGON Der Fußtritt? Ach ja, man hat mir Fußtritte verpaßt.

WLADIMIR Das war Lucky, der sie dir verpaßt hat.

ESTRAGON Und das war alles gestern.

WLADIMIR Zeig mal dein Bein.

ESTRAGON Welches?

WLADIMIR Beide. Schieb die Hose hoch. *Estragon, auf einem Fuß, streckt Wladimir sein Bein hin, fällt beinahe. Wladimir packt das Bein. Estragon schwankt.*
Schieb die Hose hoch.

ESTRAGON *taumelnd* Ich kann nicht.
Wladimir schiebt die Hose hoch, betrachtet das Bein, läßt es los. Estragon fällt beinahe.

WLADIMIR Das andere. *Estragon streckt dasselbe Bein noch mal vor.* Das andere, hab ich gesagt! *Das gleiche Spiel mit dem anderen Bein.* Da ist die Wunde, schon ganz entzündet.

ESTRAGON Ja und?

WLADIMIR Wo sind deine Schuhe?

ESTRAGON Ich hab sie wohl weggeworfen.

WLADIMIR Wann?

ESTRAGON Keine Ahnung.

WLADIMIR Warum?

ESTRAGON Weiß ich nicht.

WLADIMIR Nein, ich meine, warum du sie weggeworfen hast.

ESTRAGON Sie taten mir weh.

WLADIMIR *zeigt auf die Schuhe* Da stehen sie. *Estragon betrachtet die Schuhe.* An derselben Stelle, wo du sie gestern abend hingestellt hast. *Estragon geht zu den Schuhen, bückt sich, schaut sie sich genau an.*

ESTRAGON Das sind nicht meine.

WLADIMIR Nicht deine?

ESTRAGON Meine waren schwarz. Die sind gelb.

WLADIMIR Bist du sicher, daß deine schwarz waren?

ESTRAGON Das heißt, sie waren gräulich.

WLADIMIR Und diese sind gelb? Zeig mal.

ESTRAGON *hebt einen Schuh auf* Na ja, sie sind grünlich.

WLADIMIR *geht vor* Zeig mal. *Estragon gibt ihm den Schuh. Wladimir betrachtet ihn, wirft ihn wütend weg.* So was!

ESTRAGON Siehst du, das alles ist . . .

WLADIMIR Ich weiß, was es ist. Ja, ich weiß, was passiert ist.

ESTRAGON Das alles ist . . .

WLADIMIR Ist doch ganz einfach. Einer ist gekommen, der hat deine genommen und seine dagelassen.

ESTRAGON Warum?

WLADIMIR Seine paßten ihm nicht. Darum hat er deine genommen.

ESTRAGON Meine waren doch zu klein.

WLADIMIR Dir zu klein, ihm nicht.

ESTRAGON Ich bin müde. *Pause.* Komm, wir gehen.

WLADIMIR Wir können nicht.

ESTRAGON Warum nicht?

WLADIMIR Wir warten auf Godot.

ESTRAGON Ach ja. *Pause.*
Also, was wollen wir machen?

WLADIMIR Da ist nichts zu machen.

ESTRAGON Ich kann aber nicht mehr.

WLADIMIR Willst du ein Radieschen?

ESTRAGON Ist das alles, was da ist?

WLADIMIR Es gibt Radieschen und weiße Rüben.

ESTRAGON Sind keine gelben mehr da?

WLADIMIR Nein. Du übertreibst es mit den gelben.

ESTRAGON Dann gib mir ein Radieschen. *Wladimir sucht in seinen Taschen, findet nur weiße Rüben. Er kramt endlich ein Radieschen hervor, gibt es Estragon, der es mustert und beschnuppert.* Es ist schwarz!

WLADIMIR Es ist ein Radieschen.

ESTRAGON Ich mag nur die roten, das weißt du doch.

WLADIMIR Du willst es also nicht.

ESTRAGON Ich mag nur die roten.

WLADIMIR Dann gib es her.

Estragon gibt es zurück.

ESTRAGON Ich hol mir eine gelbe Rübe.

Er rührt sich nicht.

WLADIMIR Das verliert allmählich jeden Sinn.

ESTRAGON Noch nicht genug.

Schweigen.

WLADIMIR Willst du es nicht noch mal versuchen?

ESTRAGON Ich habe alles versucht.

WLADIMIR Ich meine mit den Schuhen.

ESTRAGON Meinst du?

WLADIMIR Dann vergeht die Zeit. *Estragon zögert.* Es ist
bestimmt eine Ablenkung.

ESTRAGON Eine Entspannung.

WLADIMIR Eine Zerstreuung.

ESTRAGON Eine Entspannung.

WLADIMIR Versuch's

ESTRAGON Hilfst du mir?

WLADIMIR Natürlich.

ESTRAGON Wir kommen doch ganz gut über die Runden,
nicht wahr, Didi, wir zwei?

WLADIMIR Ja, ja. Komm, zuerst versuchen wir es mit dem
linken.

ESTRAGON Wir finden doch immer was, nicht wahr, Didi,
was uns glauben läßt, daß wir existieren.

WLADIMIR *ungeduldig* Ja, ja. Wir sind Zauberkünstler.
Aber wir sollten uns nicht von unserem Entschluß ab-
bringen lassen. *Er hebt einen Schuh auf.* Komm mal her
mit deinem Fuß. *Estragon geht zu ihm, hebt einen Fuß.*
Den anderen, du Schwein! *Estragon hebt den anderen*

Fuß. Höher! *Aneinandergeklammert wanken sie über die Bühne. Wladimir gelingt es schließlich, ihm den Schuh anzuziehen.* Versuch' mal zu laufen. *Estragon geht ein paar Schritte.* Na?

ESTRAGON Paßt.

WLADIMIR *zieht einen Bindfaden aus der Tasche.* Da . . . ein Schnürsenkel.

ESTRAGON *heftig* Nein, nein, keine Schnürsenkel, keine Schnürsenkel.

WLADIMIR Das wird dir noch mal leid tun. Versuchen wir den anderen. *Das gleiche Spiel.* Na?

ESTRAGON Paßt auch.

WLADIMIR Tun sie dir nicht weh?

ESTRAGON *macht vorsichtig ein paar Schritte* Noch nicht.

WLADIMIR Dann kannst du sie behalten.

ESTRAGON Sie sind zu groß.

WLADIMIR Vielleicht kriegst du mal Socken.

ESTRAGON Stimmt.

WLADIMIR Also behältst du sie?

ESTRAGON Hör auf mit den Schuhen!

WLADIMIR Ja, aber . . .

ESTRAGON Hör auf! *Schweigen.* Ich glaub, ich setz mich erst mal.

Er blickt um sich, setzt sich dann auf denselben Platz wie zu Beginn des Stückes.

WLADIMIR Da hast du gestern abend auch gesessen. *Schweigen.*

ESTRAGON Wenn ich doch schlafen könnte.

WLADIMIR Gestern abend hast du geschlafen.

ESTRAGON Ich will's versuchen.

Er kauert sich hin, den Kopf zwischen den Beinen.

WLADIMIR Warte! *Er geht zu Estragon, beginnt laut zu singen.*

Schlafe, mein Prinzchen . . .

ESTRAGON *hebt den Kopf* Nicht so laut.

WLADIMIR *summt leise die Melodie von »Schlafe, mein Prinzchen . . .«*

Estragon schläft ein. Wladimir zieht seine Jacke aus, legt sie ihm über die Schultern, geht auf und ab, mit den Armen um sich schlagend, um sich zu wärmen. Estragon fährt aus dem Schlaf auf, steht auf, geht aufgeregt ein paar Schritte. Wladimir läuft zu ihm, legt den Arm um ihn.

WLADIMIR Komm . . . komm . . . ich bin doch da . . . keine Angst.

ESTRAGON Ah!

WLADIMIR Komm . . . komm . . . ist schon vorbei.

ESTRAGON Ich fiel . . .

WLADIMIR Ist vorbei. Denk nicht mehr daran.

ESTRAGON Ich war auf einem . . .

WLADIMIR Nein, nein, nichts sagen. Komm, wir laufen ein Stückchen.

Er faßt Estragon am Arm, geht mit ihm auf und ab, bis Estragon sich weigert weiterzugehen.

ESTRAGON Hör auf! Ich bin müde.

WLADIMIR Möchtest du lieber da anwachsen und nichts mehr machen?

ESTRAGON Ja.

WLADIMIR Wie du willst.

Er läßt Estragon los, hebt seine Jacke auf, zieht sie wieder an.

ESTRAGON Komm, wir gehen.

WLADIMIR Wir können nicht.

ESTRAGON Warum nicht?

WLADIMIR Wir warten auf Godot.

ESTRAGON Ach ja.

Wladimir geht wieder auf und ab.

Kannst du nicht mal zur Ruhe kommen?

WLADIMIR Mich friert.

ESTRAGON Wir sind zu früh gekommen.

WLADIMIR Immer bei Einbruch der Nacht.

ESTRAGON Aber die Nacht bricht nicht herein.

WLADIMIR Sie wird ganz plötzlich hereinbrechen, wie gestern.

ESTRAGON Und dann ist es Nacht.

WLADIMIR Und wir können gehen.

ESTRAGON Und dann wird es wieder Tag. *Pause.* Was soll man machen? Was soll man machen?

WLADIMIR *bleibt stehen, heftig* Bist du bald fertig mit deinem Gejammer? Du gehst mir langsam auf die Nerven mit deinem Klagen.

ESTRAGON Ich gehe.

WLADIMIR *sieht Luckys Hut* Da!

ESTRAGON Adieu!

WLADIMIR Luckys Hut! *Er geht auf ihn zu.* Ich bin schon eine Stunde hier und hatte ihn noch nicht gesehen. *Hocherfreut.* Großartig!

ESTRAGON Du siehst mich nicht wieder.

WLADIMIR Ich habe mich also nicht im Platz geirrt. Jetzt können wir beruhigt sein. *Er hebt Luckys Hut auf, betrachtet ihn, gibt ihm wieder seine alte Form.* Muß ein schöner Hut gewesen sein. *Er reicht seinen eigenen Hut Estragon.* Da!

ESTRAGON Was?

WLADIMIR Halt fest. *Estragon nimmt Wladimirs Hut. Wladimir setzt Luckys Hut auf. Estragon tauscht seinen Hut mit Wladimirs, reicht Wladimir seinen eigenen. Wladimir nimmt Estragons Hut. Estragon setzt Wladimirs Hut auf. Wladimir tauscht Estragons Hut mit Luckys Hut, den er Estragon reicht. Estragon nimmt Luckys Hut. Wladimir setzt Estragons Hut auf. Estragon tauscht Luckys Hut mit Wladimirs Hut, den er wieder Wladimir reicht. Wladimir nimmt seinen Hut. Estragon setzt Luckys Hut auf. Wladimir tauscht seinen Hut mit Estragons Hut, den er Estragon reicht. Estragon nimmt seinen Hut. Wladimir setzt seinen Hut auf. Estragon tauscht seinen Hut mit Luckys Hut, den er Wladimir reicht. Wladimir nimmt Luckys Hut. Estragon setzt seinen Hut auf. Wladimir tauscht Luckys Hut mit seinem eigenen, den er Estragon reicht. Estragon nimmt Wladimirs Hut. Wladimir setzt Luckys Hut auf. Estragon reicht Wladimirs Hut Wladimir, der ihn nimmt und ihn Estragon reicht, der ihn nimmt und wegwirft. Alles mit schnellen Bewegungen.*

Steht er mir?

ESTRAGON Ich weiß nicht.

WLADIMIR Nein, wie findest du mich denn?

Er dreht den Kopf kokett hin und her mimt ein Mannequin.

ESTRAGON Gräßlich.

WLADIMIR Doch nicht schlimmer als gewöhnlich?

ESTRAGON Genauso.

WLADIMIR Dann kann ich ihn ja behalten. Meiner tat mir weh.

Pause. Wie soll ich sagen? *Pause.* Er kratzte mich.

ESTRAGON Ich gehe.

WLADIMIR Willst du nicht spielen?

ESTRAGON Was spielen?

WLADIMIR Wir könnten Pozzo und Lucky spielen.

ESTRAGON Kenn ich nicht.

WLADIMIR Ich spiele Lucky, du Pozzo. *Er stellt sich hin wie Lucky, der unter der Last seines Gepäcks zusammenbricht. Estragon sieht ihn verblüfft an.* Mach schon!

ESTRAGON Was soll ich machen?

WLADIMIR Mich anschnauzen!

ESTRAGON Du Schweinehund!

WLADIMIR Lauter!

ESTRAGON Du Scheißkerl! Du Lump!
Wladimir geht vor und zurück, als würde er beinahe zu-
sammenbrechen.
WLADIMIR Sag mir, daß ich denken soll.
ESTRAGON Wie denn?
WLADIMIR Sag, Denke, du Schwein!
ESTRAGON Denke, du Schwein!
Schweigen.
WLADIMIR Ich kann es nicht!
ESTRAGON Hör auf!
WLADIMIR Sag mir, daß ich tanzen soll!
ESTRAGON Ich gehe!
WLADIMIR Tanze, du Schwein! *Er macht ein paar Verren-*
kungen auf der Stelle. Estragon läuft weg. Ich kann es
nicht. *Er blickt auf, sieht, daß Estragon nicht mehr da*
ist, schreit herzzerreißend. Gogo! *Schweigen. Er läuft*
kreuz und quer über die Bühne, rennt beinahe. Estragon
kommt wieder angerannt, läuft atemlos auf Wladimir zu.
Sie bleiben ein paar Schritte voneinander entfernt stehen.
Da bist du endlich wieder!
ESTRAGON *keuchend* Ich bin verdammt!
WLADIMIR Wo warst du? Ich glaubte, du seist weg für im-
mer.
ESTRAGON Bis zum Rand des Hangs. Sie kommen.
WLADIMIR Wer?
ESTRAGON Ich weiß nicht.
WLADIMIR Wie viele?
ESTRAGON Ich weiß nicht.
WLADIMIR *triumphierend* Das ist Godot! Endlich! *Er*
umarmt Estragon, außer sich vor Freude. Gogo! Es ist
Godot! Wir sind gerettet! Wir wollen ihm entgegen-
gehen! Komm! *Er zieht Estragon zur Kulisse. Estragon*
sträubt sich, reißt sich los, läuft zur anderen Seite, verläßt
die Bühne. Gogo! Komm zurück! *Schweigen. Wladimir*

*läuft zu der Kulisse, aus der Estragon vorher wiederge-
kommen war, blickt in die Ferne. Estragon kommt von
der anderen Seite angelaufen, eilt zu Wladimir, der sich zu
ihm umdreht.* Da bist du ja wieder!

ESTRAGON Ich bin verflucht!

WLADIMIR Warst du weit weg?

ESTRAGON Bis zum Rand des Hangs.

WLADIMIR Wir sind hier also auf einem Plateau, das steht
fest. Sozusagen auf dem Präsentierteller.

ESTRAGON Von da kommen sie auch.

WLADIMIR Wir sind eingekesselt! *Estragon läuft aufgeregt
nach hinten, rennt gegen den Prospekt, fällt.* Du Idiot, da
ist kein Ausgang! *Wladimir hilft ihm wieder auf die Beine,
geht mit ihm vor bis zur Rampe, zeigt auf den Zuschauer-
raum.* Da ist niemand. Ab durch die Mitte! Los! *Er
schubst ihn weiter vor. Estragon weicht entsetzt zurück.*
Willst du nicht? Na ja, kann ich verstehen. Warte mal! *Er
überlegt.* Da gibt's nur noch eins, abhauen!

ESTRAGON Wohin denn?

WLADIMIR Hintern Baum. *Estragon zögert.* Schnell! Hintern Baum. *Estragon läuft hinter den Baum, der ihn nur
unzureichend verdeckt.* Rühr dich nicht! *Estragon kommt
wieder dahinter hervor.* Der Baum ist wirklich zu nichts zu
gebrauchen. *Zu Estragon.* Bist du verrückt geworden?

ESTRAGON *ruhiger* Ich hab den Kopf verloren. *Er senkt
beschämt den Kopf.* Verzeih! *Er richtet ihn stolz wieder
auf.* Schluß damit. Jetzt sollst du mal sehen. Sag mir, was
ich machen soll.

WLADIMIR Da ist nichts zu machen.

ESTRAGON Du wirst dich da drüben aufstellen. *Er zerrt
Wladimir bis zur linken Kulisse, stellt ihn in Wegrich-
tung, mit dem Rücken zur Bühne.* Da, bleib so stehen und
halt die Augen auf. *Er läuft zur rechten Kulisse. Wladimir
schaut ihm über die Schulter nach. Estragon bleibt ste-*

hen, schaut in die Ferne, dann zurück. Beide blicken einander über die Schulter an. Rücken an Rücken wie in der guten alten Zeit! *Sie schauen einander noch einen Moment so an, beobachten dann wieder den Weg. Langes Schweigen.* Siehst du etwas kommen?

WLADIMIR *dreht sich um* Wie bitte?

ESTRAGON *lauter* Siehst du was kommen?

WLADIMIR Nein.

ESTRAGON Ich auch nicht.

Sie halten weiter Ausschau. Langes Schweigen.

WLADIMIR Du hast dich sicher getäuscht.

ESTRAGON *sich zu Wladimir umdrehend* Wie bitte?

WLADIMIR *lauter* Du hast dich sicher getäuscht.

ESTRAGON Schrei nicht so.

Sie halten weiter Ausschau. Langes Schweigen.

WLADIMIR und ESTRAGON *sich gleichzeitig umdrehend* Hast du . . .

WLADIMIR Oh, Verzeihung!

ESTRAGON Sprich nur!

WLADIMIR Aber nein!

ESTRAGON Aber ja!

WLADIMIR Ich bin dir ins Wort gefallen.

ESTRAGON Im Gegenteil.

Sie schauen einander zornig an.

WLADIMIR Bitte keine Förmlichkeiten.

ESTRAGON Sei doch nicht so stur.

WLADIMIR *entschieden* Sprich deinen Satz zu Ende, sag ich dir.

ESTRAGON *ebenso entschieden* Sprich du deinen zu Ende.

Schweigen. Sie gehen aufeinander zu, bleiben stehen.

WLADIMIR Du Schuft!

ESTRAGON Richtig, wir wollen einander beschimpfen.

Sie drehen sich um, gehen ein paar Schritte auseinander, machen wieder kehrt und stehen einander gegenüber.

WLADIMIR Streithammel!

ESTRAGON Querulant!

WLADIMIR Stinkstiefel!

ESTRAGON Brechmittel!

WLADIMIR Kotzbrocken!

ESTRAGON Pestbeule!

WLADIMIR Parasit!

ESTRAGON Ober ... forstinspektor!

WLADIMIR Ohh!

ESTRAGON Und jetzt wollen wir uns wieder vertragen!

WLADIMIR Gogo!

ESTRAGON Didi!

WLADIMIR Deine Hand!

ESTRAGON Hier!

WLADIMIR Komm in meine Arme!

ESTRAGON Deine Arme?

WLADIMIR *breitet die Arme aus* An meine Brust!

ESTRAGON Also los!

   Sie umarmen sich. Schweigen.

WLADIMIR Wie die Zeit vergeht, wenn man sich amüsiert!
   Schweigen.

ESTRAGON Was sollen wir jetzt machen?

WLADIMIR Bis er kommt.

ESTRAGON Bis er kommt.
   Schweigen.

WLADIMIR Sollen wir unsere Übungen machen?

ESTRAGON Unsere Leibesübungen.

WLADIMIR Geschmeidigkeitsübungen.

ESTRAGON Lockerungsübungen.

WLADIMIR Gelenkigkeitsübungen.

ESTRAGON Lockerungsübungen.

WLADIMIR Um warm zu werden.

ESTRAGON Um ruhig zu werden.

WLADIMIR Also los.

Er macht ein paar Sprünge.
Estragon macht es nach.

ESTRAGON *hält inne* Hör auf. Ich bin müde.

WLADIMIR *hält inne* Wir sind nicht in Form. Laß uns wenigstens ein paar Atemübungen machen.

ESTRAGON Ich will nicht mehr atmen.

WLADIMIR Du hast recht. *Pause.* Laß uns trotzdem den Baum machen, fürs Gleichgewicht.

ESTRAGON Den Baum?

Wladimir macht, auf einem Bein stehend, den »Baum«, schwankt.

WLADIMIR *hält inne* Du bist dran.

Estragon macht den »Baum«, schwankt.

ESTRAGON Glaubst du, daß Gott mich sieht?

WLADIMIR Man muß die Augen zumachen.

Estragon schließt die Augen, schwankt noch mehr.

ESTRAGON *hält inne, schwingt die Fäuste, brüllt* Gott hab Erbarmen mit mir!

WLADIMIR *verärgert* Und mit mir?

ESTRAGON *laut* Mit mir! Mit mir! Erbarmen mit mir!

Pozzo und Lucky treten auf. Pozzo ist blind geworden. Lucky ist beladen wie im ersten Akt. Strick wie im ersten Akt, aber viel kürzer, damit Pozzo bequemer folgen kann. Lucky trägt einen neuen Hut. Beim Anblick von Wladimir und Estragon bleibt er stehen. Pozzo, der weitergeht, läuft ihn beinahe um. Wladimir und Estragon weichen zurück.

POZZO *klammert sich an Lucky, der unter dieser neuen Last schwankt* Was ist los? Wer hat gerufen?

Lucky bricht zusammen, läßt alles fallen, reißt Pozzo mit zu Boden. Sie bleiben lange ausgestreckt inmitten des Gepäcks liegen.

ESTRAGON Ist das Godot?

WLADIMIR Das kommt wie gerufen!

Er geht auf den Haufen zu. Estragon folgt ihm.
Endlich Verstärkung!

POZZO *mit ängstlicher Stimme* Hilfe!

ESTRAGON Ist das Godot?

WLADIMIR Wir fingen an nachzulassen. Jetzt ist das Ende des Programms gesichert.

POZZO Her zu mir!

ESTRAGON Er ruft um Hilfe.

WLADIMIR Wir sind nicht mehr allein und warten auf die Nacht und warten auf Godot und warten auf . . . warten. Den ganzen Abend haben wir allein gekämpft. Das ist jetzt vorbei. Es ist schon morgen.

POZZO Zu mir!

WLADIMIR Die Zeit verfließt schon ganz anders. Die Sonne geht unter, der Mond geht auf, und wir gehen weg – von hier.

POZZO Erbarmen!

WLADIMIR Armer Pozzo!

ESTRAGON Ich wußte, daß er es ist.

WLADIMIR Wer?

ESTRAGON Godot.

WLADIMIR Das ist doch nicht Godot.

ESTRAGON Das ist nicht Godot?

WLADIMIR Das ist nicht Godot.

ESTRAGON Wer denn?

WLADIMIR Das ist Pozzo.

POZZO Ich bin's! Ich bin's! Helfen Sie mir auf!

WLADIMIR Er kann nicht aufstehen.

ESTRAGON Komm, wir gehen.

WLADIMIR Wir können nicht.

ESTRAGON Warum nicht?

WLADIMIR Wir warten auf Godot.

ESTRAGON Ach ja.

WLADIMIR Vielleicht hat er noch Knochen für dich.

ESTRAGON Knochen?

WLADIMIR Hühnchen. Erinnerst du dich nicht?

ESTRAGON War er das?

WLADIMIR Ja.

ESTRAGON Frag ihn mal.

WLADIMIR Sollen wir ihm nicht zuerst helfen?

ESTRAGON Wobei?

WLADIMIR Beim Aufstehen.

ESTRAGON Kann er nicht aufstehen?

WLADIMIR Er will aufstehen.

ESTRAGON Dann soll er aufstehen.

WLADIMIR Er kann nicht.

ESTRAGON Was hat er denn?

WLADIMIR Ich weiß nicht.

Pozzo windet sich, stöhnt, trommelt mit den Fäusten auf die Erde.

ESTRAGON Wenn wir zuerst nach den Knochen fragten? Wenn er uns keine geben will, lassen wir ihn liegen.

WLADIMIR Willst du damit sagen, daß er uns auf Gnade und Barmherzigkeit ausgeliefert ist?

ESTRAGON Ja.

WLADIMIR Und daß wir an unsere gute Tat Bedingungen knüpfen sollten?

ESTRAGON Ja.

WLADIMIR Das klingt gar nicht so dumm. Ich fürchte nur eins.

ESTRAGON Was?

WLADIMIR Daß Lucky sich plötzlich aufrappelt. Dann wären wir bedient.

ESTRAGON Lucky?

WLADIMIR Das ist der, der dich gestern angegriffen hat.

ESTRAGON Ich sagte dir doch, daß es zehn waren.

WLADIMIR Ach was, vorher, der dir die Fußtritte verpaßt hat.

ESTRAGON Ist der denn hier?

WLADIMIR Schau doch hin. *Geste.* Noch rührt er sich nicht. Aber es kann jeden Moment losgehen.

ESTRAGON Sollen wir ihn mal gehörig verprügeln?

WLADIMIR Du meinst, daß wir über ihn herfallen sollten, während er schläft?

ESTRAGON Ja.

WLADIMIR Das ist eine gute Idee. Aber bringen wir das fertig? Schläft er wirklich? *Pause.* Nein, das beste wäre, wir machen es uns zunutze, daß Pozzo um Hilfe ruft. Wir helfen ihm und setzen dabei auf seine Dankbarkeit.

ESTRAGON Möglich. Aber . . .

WLADIMIR Wir wollen unsere Zeit nicht mit unnützen Reden verlieren. *Pause. Ungestüm.* Machen wir irgend etwas, solange sich die Gelegenheit dazu bietet! Uns braucht man nicht alle Tage. Ehrlich gesagt, braucht man nicht gerade uns. Andere würden die Sache ebenso gut, wenn nicht besser machen. Der Ruf, den wir soeben vernahmen, richtet sich vielmehr an die ganze Menschheit. Aber an dieser Stelle und in diesem Augenblick sind wir die Menschheit, ob es uns paßt oder nicht. Wir wollen es ausnützen, ehe es zu spät ist. Wir wollen einmal würdig die Sippschaft vertreten, in deren Fänge wir zu unserem Leidwesen geraten sind. Was sagst du dazu?

Estragon sagt nichts.

Zwar machen wir auch so, mit verschränkten Armen das Für und Wider abwägend, unserer Gattung alle Ehre. Der Tiger eilt den Seinen zu Hilfe, ohne jede Überlegung. Oder er stiehlt sich davon in den dichtesten Dschungel. Aber da liegt das Problem nicht. Was machen wir hier, das muß man sich fragen. Wir haben das Glück, es zu wissen. Ja, in dieser ungeheuren Verwirrung ist eines klar: Wir warten darauf, daß Godot kommt.

ESTRAGON Ach ja.

WLADIMIR Oder daß die Nacht hereinbricht. *Pause.* Wir sind da, wie verabredet, das steht fest. Wir sind keine Heiligen, aber wir sind da, wie verabredet. Wie viele Leute können das von sich behaupten?

ESTRAGON Eine ganze Masse.

WLADIMIR Meinst du?

ESTRAGON Ich weiß nicht.

WLADIMIR Möglich.

POZZO Hilfe!

WLADIMIR Sicher ist, daß die Zeit unter solchen Umständen lang wird und uns dazu treibt, sie mit etwas auszufüllen, das – wie soll man sagen – auf den ersten Blick vernünftig erscheint, bis wir uns daran gewöhnt haben. Du wirst sagen, es geschieht, damit wir nicht den Verstand verlieren. Klar. Aber irrt er nicht schon in der ewigen Nacht unergründlicher Tiefen? Das frage ich mich manchmal. Kannst du mir folgen?

ESTRAGON Wir werden alle verrückt geboren. Einige bleiben es.

POZZO Hilfe, ich gebe Ihnen Geld!

ESTRAGON Wieviel?

POZZO Eine Mark.

ESTRAGON Nicht genug.

WLADIMIR So weit würde ich nicht gehen.

ESTRAGON Findest du, daß es genug ist?

WLADIMIR Nein, ich würde nicht so weit gehen zu behaupten, mit einer weichen Birne auf die Welt gekommen zu sein. Aber da liegt das Problem nicht.

POZZO Zwei Mark.

WLADIMIR Wir warten. Wir langweilen uns. *Er hebt die Hand.* Nein, widersprich mir nicht, wir langweilen uns zu Tode, das ist nicht zu leugnen. Gut. Es bietet sich eine Ablenkung, und was machen wir? Wir lassen sie ungenützt. Los, an die Arbeit. *Er geht auf Pozzo zu, bleibt ste-*

hen. Schon im nächsten Moment wird alles verschwinden, und wir werden wieder allein sein, inmitten der Einsamkeiten. *Er gerät ins Träumen.*

POZZO Zwei Mark.

WLADIMIR Wir kommen schon.

Er versucht, Pozzo aufzuhelfen. Es gelingt ihm nicht. Er wiederholt seine Bemühungen, stolpert über das Gepäck, fällt, versucht, wieder aufzustehen, schafft es nicht.

ESTRAGON Was haben denn nur alle?

WLADIMIR Hilfe!

ESTRAGON Ich gehe.

WLADIMIR Laß mich nicht allein. Sie werden mich umbringen.

POZZO Wo bin ich?

WLADIMIR Gogo!

POZZO Zu mir!

WLADIMIR Nein, zu mir!

ESTRAGON Ich gehe.

WLADIMIR Zu mir zuerst. Dann gehen wir zusammen.

ESTRAGON Versprichst du das?

WLADIMIR Ich schwöre!

ESTRAGON Und wir kommen nie wieder zurück.

WLADIMIR Nie!

ESTRAGON Und wir gehen ins Emsland.

WLADIMIR Wohin du willst.

POZZO Drei Mark! Vier Mark!

ESTRAGON Ich wollte schon immer durchs Emsland wandern.

WLADIMIR Du wirst es durchwandern.

ESTRAGON Wer hat da gefurzt?

WLADIMIR Pozzo.

POZZO Hier! Hier! Erbarmen!

ESTRAGON Pfui Teufel!

WLADIMIR Schnell! Schnell! Reich mir die Hand!

ESTRAGON Ich gehe. *Pause. Lauter.* Ich gehe.

WLADIMIR Letzten Endes werde ich wohl auch allein aufstehen können. *Er versucht aufzustehen und fällt wieder.*
Früher oder später!

ESTRAGON Was hast du?

WLADIMIR Hau ab!

ESTRAGON Bleibst du hier?

WLADIMIR Vorläufig.

ESTRAGON Steh doch auf. Du erkältest dich noch.

WLADIMIR Kümmere dich nicht um mich.

ESTRAGON Hör mal, Didi, sei nicht so stur. *Er streckt Wladimir die Hand hin, der hastig danach greift.* Los, auf!

WLADIMIR Zieh!

Estragon zieht, stolpert, fällt.

Langes Schweigen.

POZZO Hierher!

WLADIMIR Wir sind schon da.

POZZO Wer sind Sie?

WLADIMIR Wir sind Menschen.

Schweigen.

ESTRAGON Man ist doch gut aufgehoben bei Mutter Erde.

WLADIMIR Kannst du aufstehen?

ESTRAGON Ich weiß nicht.

WLADIMIR Versuch's mal.

ESTRAGON Warte! Warte!

Schweigen.

POZZO Was ist denn passiert?

WLADIMIR *laut* Willst du wohl endlich das Maul halten!
Du Ekel! Er denkt nur an sich.

ESTRAGON Sollen wir versuchen zu schlafen?

WLADIMIR Hast du das gehört? Er will wissen, was passiert ist!

ESTRAGON Laß ihn doch. Schlaf!

Schweigen.

POZZO Erbarmen! Erbarmen!

ESTRAGON *auffahrend* Was? Was ist los?

WLADIMIR Schliefst du?

ESTRAGON Ich glaube.

WLADIMIR Da ist schon wieder dieser Scheiß-Pozzo!

ESTRAGON Er soll die Schnauze halten! Gib ihm eins in die Fresse!

WLADIMIR *schlägt auf ihn ein* Bist du bald fertig? Willst du wohl still sein, du Mistvieh? *Pozzo befreit sich unter Schmerzensschreien, kriecht davon. Er hält ein paarmal an, tastet im Leeren wie ein Blinder, ruft nach Lucky. Wladimir stützt sich auf einen Ellbogen, folgt ihm mit dem Blick. Da haut er ab! Pozzo bricht zusammen. Schweigen.*
Da haut's ihn hin!
Schweigen.

ESTRAGON Was sollen wir jetzt machen?

WLADIMIR Ob ich mal zu ihm rüberkrieche?

ESTRAGON Laß mich nicht allein!

WLADIMIR Oder mal nach ihm rufe?

ESTRAGON Ja, richtig, ruf ihn.

WLADIMIR Pozzo! *Pause.* Pozzo! *Pause.* Er antwortet nicht mehr.

ESTRAGON Zusammen.

WLADIMIR und ESTRAGON Pozzo! Pozzo!

WLADIMIR Er hat sich bewegt.

ESTRAGON Bist du sicher, daß er Pozzo heißt?

WLADIMIR *beängstigt* Herr Pozzo! Kommen Sie zurück! Wir tun Ihnen nichts! *Schweigen.*

ESTRAGON Wenn man es mit anderen Namen versuchte?

WLADIMIR Er ist vielleicht tot.

ESTRAGON Das wäre lustig.

WLADIMIR Was wäre lustig?

ESTRAGON Es mit anderen Namen zu versuchen, einen

nach dem anderen. Dann vergeht die Zeit. Wir würden
schließlich auf den richtigen kommen.

WLADIMIR Ich sag dir doch, daß er Pozzo heißt.

ESTRAGON Das werden wir sehen. Mal sehen. *Er überlegt.*
Abel! Abel!

POZZO Zu mir!

ESTRAGON Siehst du!

WLADIMIR Ich habe bald genug von diesem Thema.

ESTRAGON Vielleicht heißt der andere Kain. *Er ruft.* Kain!
Kain!

POZZO Zu mir!

ESTRAGON Das ist die ganze Menschheit. *Schweigen.* Sieh
mal da, die kleine Wolke.

WLADIMIR *schaut in die Höhe* Wo?

ESTRAGON Da, am Zenit.

WLADIMIR Na und? *Pause.* Was ist daran so außergewöhnlich. *Schweigen.*

ESTRAGON Komm, laß uns mal von was anderem reden.

WLADIMIR Ich wollte es dir gerade vorschlagen.

ESTRAGON Aber von was?

WLADIMIR Eben! *Schweigen.*

ESTRAGON Erst mal aufstehen, wie wäre das?

WLADIMIR Wir können's ja mal versuchen.

Sie stehen auf.

ESTRAGON Nichts leichter als das.

WLADIMIR Man muß nur wollen.

ESTRAGON Und nun?

POZZO Hilfe!

ESTRAGON Komm, wir gehen.

WLADIMIR Wir können nicht.

ESTRAGON Warum nicht?

WLADIMIR Wir warten auf Godot.

ESTRAGON Ach ja. *Pause.*
Was soll man nur machen?

POZZO Hilfe!

WLADIMIR Sollen wir ihm helfen?

ESTRAGON Was sollen wir denn machen?

WLADIMIR Er will aufstehen.

ESTRAGON Ja und?

WLADIMIR Er will, daß wir ihm beim Aufstehen helfen.

ESTRAGON Also gut, helfen wir ihm. Worauf warten wir noch? *Sie helfen Pozzo auf, lassen ihn dann allein stehen. Pozzo fällt wieder.*

WLADIMIR Man muß ihn stützen. *Das gleiche Spiel. Pozzo hängt zwischen den beiden, die Arme um ihren Hals geschlungen.* Er muß sich erst wieder ans Stehen gewöhnen. *Zu Pozzo.* Geht's besser?

POZZO Wer sind Sie?

WLADIMIR Erkennen Sie uns nicht wieder?

POZZO Ich bin blind.

Schweigen.

WLADIMIR Blind!

ESTRAGON Vielleicht sieht er klar in die Zukunft?

WLADIMIR *zu Pozzo* Blind? Seit wann?

POZZO Ich hatte prächtige Augen – sind Sie denn Freunde?

ESTRAGON *laut lachend* Freunde! Er fragt, ob wir Freunde sind!

WLADIMIR Nein, er meint, Freunde von ihm.

ESTRAGON Na und?

WLADIMIR Daß wir ihm geholfen haben, beweist es doch.

ESTRAGON Richtig! Hätten wir ihm geholfen, wenn wir nicht seine Freunde wären?

WLADIMIR Vielleicht.

ESTRAGON Stimmt.

WLADIMIR Nehmen wir es nicht zu genau.

POZZO Sind Sie etwa Räuber?

ESTRAGON Räuber? Sehen wir aus wie Räuber?

WLADIMIR Na hör mal! Er ist doch blind!

ESTRAGON Ach ja. *Pause.* So sagt er.

POZZO Lassen Sie mich nicht allein.

WLADIMIR Davon ist keine Rede.

ESTRAGON Vorläufig.

POZZO Wie spät ist es?

ESTRAGON *blickt forschend zum Himmel* Mal sehen . . .

WLADIMIR Sieben Uhr? . . . Acht Uhr? . . .

ESTRAGON Es hängt von der Jahreszeit ab.

POZZO Ist es Abend?

Schweigen. Wladimir und Estragon blicken nach Westen.

ESTRAGON Sieht aus, als ob sie wieder steigt.

WLADIMIR Unmöglich.

ESTRAGON Wenn es das Morgenrot wäre?

WLADIMIR Red kein dummes Zeug. Das ist Westen.

ESTRAGON Was weißt du davon?

POZZO *ängstlich* Ist es denn Abend?

WLADIMIR Sie hat sich übrigens nicht bewegt.

ESTRAGON Ich sage, sie steigt.

POZZO Warum antworten Sie nicht?

ESTRAGON Weil wir Ihnen keine Märchen erzählen wollen.

WLADIMIR *beruhigend* Es ist Abend, mein Herr, wir haben den Abend erreicht. Mein Freund versucht, bei mir Zweifel zu wecken, und ich muß gestehen, daß ich einen Moment schwankte. Aber ich habe nicht umsonst diesen langen Tag durchlebt, und ich kann Ihnen versichern, daß sein Repertoire bald erschöpft ist. *Pause.* Abgesehen davon, wie fühlen Sie sich?

ESTRAGON Wie lange müssen wir ihn noch herumschleppen?

Sie lassen ihn etwas los, packen ihn dann wieder, als er zu fallen droht.

Wir sind keine Karyatiden.

WLADIMIR Sie sagten, daß sie früher gute Augen hatten, wenn ich recht verstanden habe.

POZZO Ja, sie waren ganz prächtig.

Schweigen.

ESTRAGON *ungeduldig* Weiter! Weiter! Erzählen Sie doch!

WLADIMIR Laß ihn in Ruhe. Siehst du nicht, daß er gerade zurückdenkt an sein Glück? *Pause.* Memoria praeteritorum bonorum – das muß schmerzlich sein.

POZZO Ja, prächtig.

WLADIMIR Ist es denn ganz plötzlich gekommen?

POZZO Prächtig.

WLADIMIR Ich frage Sie, ob es ganz plötzlich gekommen ist.

POZZO Eines schönen Tages wurde ich wach und war blind wie das Schicksal. *Pause.* Ich frage mich manchmal, ob ich nicht noch schlafe.

WLADIMIR Wann war das?

POZZO Ich weiß nicht.

WLADIMIR Doch nicht später als gestern ...

POZZO Fragen Sie mich nicht! Die Blinden haben keinen Zeitsinn. *Pause.* Auch die Zeichen der Zeit sehen sie nicht.

WLADIMIR Soso! Ich hätte das Gegenteil behauptet.

ESTRAGON Ich gehe.

POZZO Wo sind wir überhaupt?

WLADIMIR Ich weiß nicht.

POZZO Sind wir nicht auf der sogenannten ›Planke‹?

WLADIMIR Kenn ich nicht.

POZZO Wie sieht's denn hier aus?

WLADIMIR *schaut in die Runde* Man kann es nicht beschreiben. Es sieht nach nichts aus. Da ist gar nichts. Da ist ein Baum.

POZZO Dann ist es also nicht die ›Planke‹.

ESTRAGON *wird weich in den Knien* Wenn du das eine Ablenkung nennst.

POZZO Wo ist mein Knecht?

WLADIMIR Da liegt er.

POZZO Warum antwortet er nicht, wenn ich ihn rufe?

WLADIMIR Ich weiß nicht. Er scheint zu schlafen. Er ist vielleicht tot.

POZZO Was ist denn genaugenommen passiert?

ESTRAGON Genaugenommen!

WLADIMIR Sie sind beide gefallen.

POZZO Schauen Sie nach, ob er verletzt ist.

WLADIMIR Wir können Sie doch nicht loslassen.

POZZO Sie brauchen ja nicht beide hinzugehen.

WLADIMIR *zu Estragon* Geh du!

POZZO Ja, ja, Ihr Freund soll hingehen. Er stinkt so! *Pause.* Worauf wartet er?

WLADIMIR *zu Estragon* Worauf wartest du?

ESTRAGON Ich warte auf Godot.

WLADIMIR Was soll er genaugenommen machen?

POZZO Also, er soll zuerst am Strick ziehen, ihn aber nicht erwürgen. Im allgemeinen reagiert er darauf. Wenn nicht, soll er ihm ein paar Fußtritte verpassen, in den Unterleib und ins Gesicht, soweit möglich.

WLADIMIR *zu Estragon* Siehst du, du hast nichts zu befürchten. Du hast sogar Gelegenheit, dich zu rächen.

ESTRAGON Und wenn er sich wehrt?

POZZO Nein, nein, er wehrt sich nie.

WLADIMIR Dann eile ich dir zu Hilfe.

ESTRAGON Laß die Augen nicht von mir!

  Er geht auf Lucky zu.

WLADIMIR Schau zuerst nach, ob er noch lebt. Es lohnt sich nicht, auf ihn einzuschlagen, wenn er schon tot ist.

ESTRAGON *beugt sich über Lucky* Er atmet.

WLADIMIR Dann gib ihm Saures!

  Estragon verpaßt Lucky plötzlich einen Fußtritt nach dem andern und tobt dabei wie wild. Er tut sich dabei am Fuß weh, humpelt stöhnend weg. Lucky kommt wieder zur Besinnung.

ESTRAGON *bleibt auf einem Fuß stehen* Au, dieser Schweinehund!

Estragon setzt sich, versucht die Schuhe auszuziehen, läßt
es jedoch bald bleiben, kauert sich zusammen, den Kopf
zwischen den Beinen und die Arme vorm Kopf.

POZZO Was ist denn schon wieder?

WLADIMIR Mein Freund hat sich weh getan.

POZZO Und Lucky?

WLADIMIR Er ist es also doch?

POZZO Wie bitte?

WLADIMIR Es ist also Lucky?

POZZO Ich verstehe nicht.

WLADIMIR Und Sie sind Pozzo?

POZZO Natürlich bin ich Pozzo.

WLADIMIR Dieselben wie gestern?

POZZO Wie gestern?

WLADIMIR Wir haben uns gestern getroffen. *Schweigen.*
Erinnern Sie sich nicht mehr?

POZZO Ich erinnere mich nicht, gestern irgend jemanden
gesehen zu haben. Aber morgen werde ich mich auch
nicht erinnern, heute irgend jemanden getroffen zu haben. Rechnen Sie also nicht mit mir, wenn Sie eine Aus-
kunft brauchen. Und nun genug davon. Auf!

WLADIMIR Sie nahmen ihn mit zum Salvator-Markt, um
ihn zu verkaufen. Sie haben mit uns gesprochen. Er hat
getanzt. Er hat gedacht. Sie konnten sehen.

POZZO Wenn Sie so wollen. Lassen Sie mich bitte los. *Wladimir geht beiseite.* Auf!

WLADIMIR Er steht auf.

Lucky steht auf, hebt sein Gepäck auf.

POZZO Recht hat er.

WLADIMIR Wohin gehen Sie?

POZZO Das kümmert mich nicht weiter.

WLADIMIR Sie haben sich aber verändert!

Lucky stellt sich, mit dem Gepäck beladen, vor Pozzo.

POZZO Peitsche! *Lucky stellt das Gepäck ab, sucht die Peitsche, findet sie, gibt sie Pozzo, nimmt das Gepäck wieder auf.* Strick! *Lucky setzt das Gepäck ab, legt Pozzo das Strickende in die Hand, nimmt das Gepäck wieder auf.*

WLADIMIR Was ist denn in dem Koffer?

POZZO Sand. *Er zieht am Strick.* Vorwärts!

Lucky geht los, Pozzo folgt ihm.

WLADIMIR Gehen Sie noch nicht!

POZZO Ich gehe.

WLADIMIR Was machen Sie, wenn Sie hinfallen fern von jeder Hilfe?

POZZO Wir warten, bis wir wieder aufstehen können. Dann gehen wir wieder weiter.

WLADIMIR Bevor Sie gehen, sagen Sie ihm, er soll singen.

POZZO Wem?

WLADIMIR Lucky.

POZZO Er soll singen?

WLADIMIR Ja. Oder denken. Oder rezitieren.

POZZO Er ist doch stumm!

WLADIMIR Stumm!

POZZO Vollkommen. Er kann nicht mal stöhnen.

WLADIMIR Stumm! Seit wann?

POZZO *plötzlich wütend* Hören Sie endlich auf, mich mit Ihrer verdammten Zeit verrückt zu machen! Es ist unerhört! Wann! Wann! Eines Tages, genügt Ihnen das nicht? Irgendeines Tages ist er stumm geworden, eines Tages bin ich blind geworden, eines Tages werden wir taub, eines Tages wurden wir geboren, eines Tages sterben wir, am selben Tag, im selben Augenblick, genügt Ihnen das nicht? *Bedächtiger.* Sie gebären rittlings über dem Grabe, der Tag erglänzt einen Augenblick und dann von neuem die Nacht.

Er zieht am Strick. Los, vorwärts!
*Sie gehen. Wladimir folgt ihnen bis an den Bühnenrand,
schaut ihnen nach. Das Geräusch eines Sturzes, begleitet
von Wladimirs Mimik, zeigt an, daß sie wieder gefallen
sind. Wladimir geht zu dem schlafenden Estragon, betrachtet ihn eine Weile, weckt ihn dann.*

ESTRAGON *erschrockene Gesten, unzusammenhängende
Worte. Schließlich* Warum läßt du mich nie schlafen?

WLADIMIR Ich fühlte mich einsam.

ESTRAGON Ich träumte, ich sei glücklich.

WLADIMIR So ist die Zeit vergangen.

ESTRAGON Ich träumte ...

WLADIMIR Sei still! *Schweigen.* Ich frage mich, ob er wirklich blind ist.

ESTRAGON Wer?

WLADIMIR Würde ein wirklich Blinder sagen, daß er keinen Zeitsinn hat?

ESTRAGON Wer?

WLADIMIR Pozzo.

ESTRAGON Ist er blind?

WLADIMIR Das hat er doch gesagt.

ESTRAGON Na und?

WLADIMIR Mir schien, daß er uns sah.

ESTRAGON Das hast du geträumt. *Pause.* Komm, wir gehen. Wir können nicht. Ach ja. *Pause.* Bist du sicher, daß
er es nicht war?

WLADIMIR Wer?

ESTRAGON Godot.

WLADIMIR Wer denn?

ESTRAGON Pozzo.

WLADIMIR Ach was! Ach was! *Pause.* Ach was!

ESTRAGON Jetzt steh ich aber auf. *Er steht mühsam auf.*
Au! *Pause.* Au!

WLADIMIR Ich weiß nicht mehr, was ich denken soll.

ESTRAGON Meine Füße! *Er setzt sich wieder, versucht die Schuhe auszuziehen.* Hilf mir!

WLADIMIR Habe ich geschlafen, während die anderen litten? Schlafe ich gar in diesem Augenblick? Wenn ich morgen glaube, wach zu werden, was werde ich dann von diesem Tage sagen? Daß ich mit meinem Freund Estragon an dieser Stelle bis in die Nacht gewartet habe auf Godot? Daß Pozzo mit seinem Träger vorbeigekommen ist und daß er mit uns gesprochen hat? Wahrscheinlich. Aber was wird wahr sein von alledem? *Estragon, der sich vergeblich mit seinen Schuhen abgemüht hat, ist wieder eingeschlafen.* Er wird von nichts wissen. Er wird von den Schlägen sprechen, die er bekommen hat, und ich werde ihm eine gelbe Rübe geben. *Pause.* Rittlings über dem Grabe und eine schwere Geburt. Aus der Tiefe der Grube legt der Totengräber träumerisch die Zangen an. Man hat Zeit genug, um alt zu werden. Die Luft ist voll von unseren Schreien. *Er lauscht.* Aber die Gewohnheit ist eine mächtige Sordine. *Er betrachtet Estragon.* Auch mich, auch mich betrachtet ein anderer, der sich sagt, er schläft, er weiß von nichts, laß ihn schlafen. *Pause.* Ich kann nicht mehr weiter. *Pause.* Was habe ich gesagt? *Er geht erregt auf und ab, bleibt schließlich bei der linken Kulisse stehen, blickt in die Ferne. Rechts tritt der Junge vom Vorabend auf. Er bleibt stehen. Schweigen.*

JUNGE Mein Herr ... *Wladimir wendet sich zu ihm.* Herr Albert ...

WLADIMIR Auf ein neues. *Pause. Zu dem Jungen.* Erkennst du mich nicht wieder?

JUNGE Nein.

WLADIMIR Bist du nicht gestern schon hier gewesen?

JUNGE Nein.

WLADIMIR Kommst du zum erstenmal?

JUNGE Ja.

Schweigen.

WLADIMIR Bringst du eine Nachricht von Herrn Godot?

JUNGE Ja.

WLADIMIR Er kommt nicht heute abend.

JUNGE Nein.

WLADIMIR Aber er wird morgen kommen.

JUNGE Ja.

WLADIMIR Bestimmt.

JUNGE Ja.

Schweigen.

WLADIMIR Bist du jemandem begegnet?

JUNGE Nein.

WLADIMIR Zwei anderen . . . *er zögert* . . . Menschen.

JUNGE Ich habe niemanden gesehen.

Schweigen.

WLADIMIR Was macht Herr Godot? *Pause.* Hörst du mich?

JUNGE Ja.

WLADIMIR Na?

Schweigen.

JUNGE Er macht nichts.

Schweigen.

WLADIMIR Wie geht es deinem Bruder?

JUNGE Er ist krank.

WLADIMIR Vielleicht war er es, der gestern hier war.

JUNGE Ich weiß nicht.

Schweigen.

WLADIMIR Trägt er einen Bart, Herr Godot?

JUNGE Ja.

WLADIMIR Blond oder . . . *er zögert* . . . schwarz . . . oder rot?

JUNGE *zögernd* Ich glaube, er ist weiß.

Schweigen.

WLADIMIR Barmherzigkeit! *Schweigen.*

JUNGE Was soll ich Herrn Godot sagen?

WLADIMIR Du sagst ihm ... *er stockt* ... du sagst ihm, daß du mich gesehen hast und daß ... *er überlegt* ... daß du mich gesehen hast. *Pause. Wladimir geht vor, der Junge geht zurück. Wladimir bleibt stehen, der Junge bleibt auch stehen.* Sag mal, du bist doch sicher, mich gesehen zu haben, du wirst mir morgen nicht sagen, daß du mich nie gesehen hast? *Schweigen. Wladimir springt plötzlich vor, der Junge rennt blitzschnell weg. Schweigen. Die Sonne geht unter, der Mond geht auf, Wladimir bleibt stehen, ohne sich zu rühren. Estragon wird wach, zieht die Schuhe aus, steht auf, die Schuhe in der Hand haltend, stellt sie an die Rampe, geht zu Wladimir, schaut ihn an.*

ESTRAGON Was hast du?

WLADIMIR Ich habe nichts.

ESTRAGON Ich gehe.

WLADIMIR Ich auch.

Schweigen.

ESTRAGON Habe ich lange geschlafen?

WLADIMIR Ich weiß nicht.

Schweigen.

ESTRAGON Wohin gehen wir?

WLADIMIR Nicht weit.

ESTRAGON Doch, doch, laß uns weit weggehen von hier!

WLADIMIR Wir können nicht.

ESTRAGON Warum nicht?

WLADIMIR Wir müssen morgen wiederkommen.

ESTRAGON Warum?

WLADIMIR Um auf Godot zu warten.

ESTRAGON Ach ja. *Pause.* Ist er nicht gekommen?

WLADIMIR Nein.

ESTRAGON Und jetzt ist es zu spät.

WLADIMIR Ja, es ist Nacht.

ESTRAGON Und wenn wir ihn fallen ließen? *Pause.* Wenn wir ihn fallen ließen?

WLADIMIR Würde er uns bestrafen. *Schweigen. Er betrachtet den Baum.* Nur der Baum lebt.

ESTRAGON *schaut den Baum an* Was ist das für einer?

WLADIMIR Das ist der Baum.

ESTRAGON Jaja, aber was für einer?

WLADIMIR Ich weiß nicht. Eine Trauerweide.

ESTRAGON Wir wollen mal sehen. *Er zieht Wladimir mit sich zum Baum, vor dem sie stehenbleiben. Schweigen.* Sollen wir uns aufhängen?

WLADIMIR Womit?

ESTRAGON Hast du nicht irgendeinen Strick?

WLADIMIR Nein.

ESTRAGON Dann geht es nicht.

WLADIMIR Komm, wir gehen.

ESTRAGON Wart mal, hier ist mein Gürtel.

WLADIMIR Der ist zu kurz.

ESTRAGON Du ziehst dann an meinen Beinen.

WLADIMIR Und wer zieht an meinen?

ESTRAGON Ach ja.

WLADIMIR Zeig doch mal her. *Estragon löst den Knoten des Stricks, der seine Hose hält. Die viel zu weite Hose rutscht bis auf die Fußknöchel. Sie schauen sich den Strick an.* Zur Not könnte es gehen. Aber ist er fest genug?

ESTRAGON Das werden wir sehen. Da, nimm.
Sie nehmen jeder ein Ende des Stricks und ziehen. Der Strick reißt. Sie fallen beinahe.

WLADIMIR Er taugt nichts.
Schweigen.

ESTRAGON Du sagtest, daß wir morgen wiederkommen müssen.

WLADIMIR Ja.

ESTRAGON Dann bringen wir einen guten Strick mit.

WLADIMIR Ja. *Schweigen.*

ESTRAGON Didi.

WLADIMIR Ja.

ESTRAGON Ich kann nicht mehr so weitermachen.

WLADIMIR Das sagt man so.

ESTRAGON Sollen wir auseinandergehen? Es wäre vielleicht besser.

WLADIMIR Morgen hängen wir uns auf. *Pause.* Es sei denn, daß Godot käme.

ESTRAGON Und wenn er kommt?

WLADIMIR Sind wir gerettet.

Wladimir nimmt seinen Hut, der vorher Lucky gehörte, schaut hinein, fühlt mit der Hand darin herum, schüttelt ihn aus, setzt ihn wieder auf.

ESTRAGON Also, gehen wir?

WLADIMIR Zieh deine Hose rauf.

ESTRAGON Wie bitte?

WLADIMIR Zieh deine Hose rauf.

ESTRAGON Meine Hose aus?

WLADIMIR Zieh deine Hose herauf.

ESTRAGON Ach ja. *Er zieht die Hose hoch. Schweigen.*

WLADIMIR Also? Wir gehen?

ESTRAGON Gehen wir!

Sie rühren sich nicht von der Stelle.

Vorhang

Endspiel

Stück in einem Akt

Originaltitel: ›Fin de partie‹
Aus dem Französischen von Elmar Tophoven

Personen: Nagg · Nell · Hamm · Clov

Innenraum ohne Möbel. Trübes Licht. An der rechten und linken Wand im Hintergrund je ein hoch angebrachtes Fensterchen mit geschlossenen Vorhängen. Vorne rechts Tür. In der Nähe der Tür hängt ein umgedrehtes Gemälde an der Wand. Vorne links stehen zwei mit einem alten Laken verhüllte Mülleimer nebeneinander. In der Mitte sitzt Hamm in einem mit Röllchen versehenen Sessel. Das Ganze ist mit einem alten Laken verhüllt. Clov steht regungslos in der Nähe der Tür und betrachtet den Sessel.

Er geht mit steifen, wankenden Schritten unters linke Fenster. Er betrachtet das linke Fenster, mit dem Kopf im Nakken. Er wendet sich dem rechten Fenster zu und betrachtet es. Er geht und stellt sich unters rechte Fenster. Er betrachtet das rechte Fenster, mit dem Kopf im Nacken. Er wendet sich dem linken Fenster zu und betrachtet es. Er geht hinaus und kommt alsbald mit einer kleinen Bockleiter wieder, stellt sie unters linke Fenster, steigt hinauf, schiebt den Vorhang zur Seite und schaut aus dem Fenster. Kurzes Lachen. Er steigt von der Leiter, stellt sie unters rechte Fenster, steigt hinauf und schaut aus dem Fenster. Kurzes Lachen. Er steigt von der Leiter, geht auf die Mülleimer zu, nimmt das Laken, das sie verhüllt, herunter, hebt einen Deckel an, bückt sich und schaut in den Mülleimer. Kurzes Lachen. Er klappt den Deckel wieder zu. Das gleiche Spiel mit dem anderen Mülleimer. Er geht, das Laken hinter sich herschleppend, auf Hamm zu, nimmt das Laken, das Hamm verhüllt, herunter. Hamm im Morgenrock, mit einer Filzkappe auf dem Kopf, einem übers Gesicht gebreiteten großen, schmutzigen Taschentuch, einer um den Hals hängenden Signalpfeife, einem auf den Knien liegenden Plaid und dicken Socken an den Füßen, scheint zu schlafen. Clov hebt das Taschentuch an und betrachtet das Gesicht. Kurzes Lachen. Er geht, das Laken hinter sich herschleppend, zur Tür, hält an und wendet sich dem Saal zu.

CLOV *mit starrem Blick und tonloser Stimme* ... Ende, es ist zu Ende, es geht zu Ende, es geht vielleicht zu Ende. *Pause.* Ein Körnchen kommt zum anderen, eins nach dem anderen, und eines Tages, plötzlich, ist es ein Haufen, ein kleiner Haufen, der unmögliche Haufen. *Pause.* Man kann mich nicht mehr strafen. *Pause.* Ich gehe in meine Küche, drei Meter mal drei Meter mal drei Meter, warten, bis er mir pfeift. *Pause.* Es sind hübsche Dimensionen, ich werde mich an den Tisch lehnen, ich werde die Wand betrachten und warten, bis er mir pfeift.
Er verharrt einen Augenblick regungslos. Dann geht er hinaus, kommt alsbald wieder, holt die Leiter und trägt sie hinaus. Pause. Hamm bewegt sich. Er gähnt unterm Taschentuch. Er nimmt das Taschentuch von seinem Gesicht. Blindenbrille.

HAMM ... Ah ... *er gähnt* ... Ich bin dran. *Pause.* Jetzt spiele ich! *Er hält das Taschentuch mit ausgestreckten Armen ausgebreitet vor sich.* Altes Linnen! *Er nimmt die Brille ab, wischt sich die Augen, das Gesicht, putzt die Brille, setzt sie wieder auf, faltet sorgsam das Taschentuch und steckt es bedächtig in die obere Tasche seines Morgenrocks. Er hustet sich frei und legt die Fingerspitzen aneinander.* Kann es überhaupt ... *er gähnt* ... ein Elend geben, das ... erhabener ist als meines? Wahrscheinlich. Früher. Aber heute? *Pause.* Mein Vater? *Pause.* Meine Mutter? *Pause.* Mein ... Hund? *Pause.* Oh, ich kann mir wohl denken, daß sie so viel leiden, wie solche Wesen leiden können. Soll das aber heißen, daß unsere Leiden gleichwertig sind? Wahrscheinlich. *Pause.* Nein, alles ist ... *er gähnt* ... absolut, *stolz.* je größer man ist, um so voller ist man. *Pause. Trübsinnig.* Und um so leerer. *Er schnauft.* Clov! *Pause.* Nein, ich bin allein. *Pause.* Welche Träume! ... Diese Wälder! *Pause.* Schluß damit, es wird Zeit, daß es endet, auch in dem Unterschlupf. *Pause.* Und doch zögere ich, ich zögere noch zu . . . enden. Ja, das ist es, es wird Zeit, daß es endet, und doch zögere ich noch zu . . . *er gähnt* . . . enden. *Er gähnt.* Oh je, oh je, was hab ich bloß, ich sollte mich lieber schlafen legen. *Er pfeift einmal kurz. Clov kommt sofort herein. Er bleibt neben dem Sessel stehen.* Du verpestest die Luft! *Pause.* Mach mich fertig, ich will mich schlafen legen.

CLOV Ich habe dich gerade aufstehen lassen.

HAMM Na und?

CLOV Ich kann dich nicht alle fünf Minuten aufstehen lassen und wieder schlafen legen, ich habe zu tun.
Pause.

HAMM Hast du je meine Augen gesehen?

CLOV Nein.

HAMM Hat dich niemals verlangt, während ich schlief, meine Brille abzunehmen und meine Augen zu betrachten?

CLOV Indem ich die Lider hochzöge? *Pause.* Nein.

HAMM Eines Tages werde ich sie dir zeigen. *Pause.* Sie sollen ganz weiß geworden sein. *Pause.* Wieviel Uhr ist es?

CLOV Soviel wie gewöhnlich.

HAMM Hast du nachgeschaut?

CLOV Ja.

HAMM Und?

CLOV Nichts.

HAMM Es müßte regnen.

CLOV Es wird nicht regnen. *Pause.*

HAMM Und sonst, wie geht's?

CLOV Ich beklage mich nicht.

HAMM Fühlst du dich in deinem normalen Zustand?

CLOV *gereizt* Ich sagte doch, daß ich mich nicht beklage.

HAMM Ich fühle mich etwas komisch. *Pause.* Clov.

CLOV Ja.

HAMM Hast du es nicht satt?

CLOV Doch! *Pause.* Was denn?

HAMM Dieses . . . alles.

CLOV Seit jeher schon. *Pause.* Du nicht?

HAMM *trübsinnig* Es gibt also keinen Grund dafür, daß sich etwas ändert.

CLOV Es kann zu Ende gehen. *Pause.* Das ganze Leben dieselben Fragen, dieselben Antworten.

HAMM Mach mich fertig. *Clov rührt sich nicht.* Hol das Tuch. *Clov rührt sich nicht.* Clov!

CLOV Ja.

HAMM Ich werde dir nichts mehr zu essen geben.

CLOV Dann werden wir sterben.

HAMM Ich werde dir gerade so viel geben, daß du nicht sterben kannst. Du wirst die ganze Zeit Hunger haben.

CLOV Dann werden wir nicht sterben. *Pause.* Ich hole das Tuch. *Er geht zur Tür.*

HAMM Nein. *Clov bleibt stehen.* Ich werde dir einen Zwieback pro Tag geben. *Pause.* Anderthalb Zwieback. *Pause.* Warum bleibst du bei mir?

CLOV Warum behältst du mich?

HAMM Es gibt sonst niemand.

CLOV Es gibt sonst keine Stelle.
      Pause.

HAMM Und doch verläßt du mich.

CLOV Ich versuch's.

HAMM Du magst mich nicht.

CLOV Nein.

HAMM Früher mochtest du mich.

CLOV Früher!

HAMM Ich habe dich zuviel leiden lassen. *Pause.* Nicht wahr?

CLOV Das ist es nicht.

HAMM *entrüstet* Ich habe dich nicht zuviel leiden lassen?

CLOV Doch.

HAMM *erleichtert* Ah! Immerhin! *Pause. Kalt.* Verzeihung. *Pause. Lauter.* Ich sagte: Verzeihung.

CLOV Ich habe es gehört. *Pause.* Hast du geblutet?

HAMM Weniger. *Pause.* Muß ich jetzt nicht mein Beruhigungsmittel einnehmen?

CLOV Nein.

> *Pause.*

HAMM Wie geht es deinen Augen?

CLOV Schlecht.

HAMM Wie geht es deinen Beinen?

CLOV Schlecht.

HAMM Aber du kannst laufen.

CLOV Ja.

HAMM *aufbrausend* Also, lauf! *Clov geht bis an die Wand
im Hintergrund und lehnt sich mit Stirn und Händen
daran.* Wo bist du?

CLOV Hier.

HAMM Komm zurück! *Clov kehrt an seinen Platz neben
dem Sessel zurück.* Wo bist du?

CLOV Hier.

HAMM Warum tötest du mich nicht?

CLOV Ich weiß nicht, wie der Speiseschrank aufgeht.

> *Pause.*

HAMM Hole zwei Räder. Von einem Fahrrad.

CLOV Es gibt keine Fahrräder mehr.

HAMM Was hast du mit deinem Fahrrad gemacht?

CLOV Ich habe nie ein Fahrrad gehabt.

HAMM So was gibt es ja gar nicht!

CLOV Als es noch Fahrräder gab, habe ich geweint, um eins
zu bekommen. Ich lag zu deinen Füßen. Du hast mich
zum Teufel geschickt. Jetzt gibt es keine mehr.

HAMM Und deine Botengänge? Wenn du meine Armen
aufsuchtest? Immer zu Fuß?

CLOV Manchmal zu Roß. *Der Deckel eines der beiden*

Mülleimer hebt sich, und die um den Rand geklammerten Hände von Nagg werden sichtbar. Dann taucht der mit einer Schlafmütze bedeckte Kopf auf. Sehr weiße Gesichtsfarbe. Nagg gähnt und lauscht dann. Ich verlasse dich, ich habe zu tun.

HAMM In deiner Küche?

CLOV Ja.

HAMM Draußen ist der Tod. *Pause.* Gut, geh nur. *Clov geht hinaus. Pause.* Es geht voran.

NAGG Meinen Brei!

HAMM Verfluchter Erzeuger!

NAGG Meinen Brei!

HAMM Ah! Keine Haltung mehr, die Alten. Fressen, fressen, sie denken nur ans Fressen. *Er pfeift. Clov kommt herein und bleibt neben dem Sessel stehen.* Sieh mal an! Ich dachte, du wolltest mich verlassen.

CLOV Oh, noch nicht, noch nicht.

NAGG Meinen Brei!

HAMM Gib ihm seinen Brei.

CLOV Es gibt keinen Brei mehr.

HAMM *zu Nagg* Es gibt keinen Brei mehr. Du wirst nie wieder Brei bekommen.

NAGG Ich will meinen Brei!

HAMM Gib ihm einen Zwieback. *Clov geht.* Verfluchter Hurenbock! Wie geht es deinen Stümpfen?

NAGG Kümmere dich nicht um meine Stümpfe.

Clov kommt mit einem Zwieback in der Hand herein.

CLOV Ich bin wieder da, mit dem Zwieback.

Er legt den Zwieback in die Hand von Nagg, der ihn annimmt, betastet und beschnuppert.

NAGG *jammernd* Was ist denn das?

CLOV Das ist der klassische Zwieback.

NAGG *jammernd* Er ist hart! Ich kann nicht!

HAMM Sperr ihn ein!

*Clov drückt Nagg in den Mülleimer und klappt den Dek-
kel zu.*

CLOV *an seinen Platz neben den Sessel zurückgehend* Alter
hat keine Tugend!

HAMM Setz dich drauf.

CLOV Ich kann mich nicht setzen.

HAMM Richtig. Und ich kann nicht stehen.

CLOV So ist es.

HAMM Jedem seine Spezialität. *Pause.* Kein Anruf? *Pause.*
Keiner lacht?

CLOV *nachdem er überlegt hat* Mir liegt nichts daran.

HAMM *nachdem er überlegt hat* Mir auch nicht. *Pause.*
Clov.

CLOV Ja.

HAMM Die Natur hat uns vergessen.

CLOV Es gibt keine Natur mehr.

HAMM Keine Natur mehr! Du übertreibst.

CLOV Ringsherum.

HAMM Wir atmen doch, wir verändern uns! Wir verlieren
unsere Haare, unsere Zähne! Unsere Frische! Unsere
Ideale!

CLOV Dann hat sie uns nicht vergessen.

HAMM Du sagst doch, daß es keine mehr gibt.

CLOV *traurig* Niemand auf der Welt hat je so verdreht gedacht wie wir.

HAMM Man tut, was man kann.

CLOV Man hat unrecht. *Pause.*

HAMM Du hältst dich für gescheit, nicht?

CLOV Gescheitert!
Pause.

HAMM Es geht nicht schnell. *Pause.* Muß ich jetzt nicht
mein Beruhigungsmittel einnehmen?

CLOV Nein. *Pause.* Ich verlasse dich, ich habe zu tun.

HAMM In deiner Küche?

CLOV Ja.

HAMM Was zu tun, das frage ich mich.

CLOV Ich betrachte die Wand.

HAMM Die Wand! Und was siehst du da, auf deiner Wand?
  Menetekel? Nackte Leiber?

CLOV Ich sehe mein Licht, das stirbt.

HAMM Dein Licht, das . . . ?! Was man nicht alles zu hören
  kriegt! Na ja, es wird ebensogut hier sterben, dein Licht.
  Schau mich nur mal an, und dann werden wir noch mal
  darüber reden, über dein Licht.
  Pause.

CLOV Du sollst nicht so zu mir sprechen.
  Pause.

HAMM *kalt* Verzeihung. *Pause. Lauter.* Ich sagte, Verzeihung.

CLOV Ich habe es gehört.
  *Pause. Der Deckel von Naggs Mülleimer hebt sich. Die
  um den Rand geklammerten Hände werden sichtbar.
  Dann taucht der Kopf auf. In einer Hand der Zwieback.
  Nagg lauscht.*

HAMM Sind deine Samenkörnchen aufgegangen?

CLOV Nein.

HAMM Hast du ein wenig gescharrt, um zu sehen, ob sie gekeimt haben?

CLOV Sie haben nicht gekeimt.

HAMM Es ist vielleicht noch zu früh.

CLOV Wenn sie keimen könnten, hätten sie gekeimt. Sie
  werden nie keimen. *Pause.*

HAMM Es ist nicht so heiter wie vorhin. *Pause.* Aber es ist
  immer so abends, nicht wahr, Clov?

CLOV Immer.

HAMM Es ist ein Abend wie jeder andere, nicht wahr,
  Clov?

CLOV Es scheint so. *Pause.*

HAMM *ängstlich* Was ist denn los, was ist denn nur los?

CLOV Irgend etwas geht seinen Gang.

Pause.

HAMM Gut, geh nur. *Er wirft den Kopf gegen die Rücken-*
lehne des Sessels und verharrt regungslos. Clov rührt sich
nicht. Er gibt einen langen Stoßseufzer von sich. Hamm
richtet sich wieder auf. Ich dachte, ich hätte dir gesagt, du
solltest gehen.

CLOV Ich versuch's. *Er geht zur Tür und bleibt stehen.* Seit
meiner Geburt. *Er geht hinaus.*

HAMM Es geht voran.

Er wirft den Kopf gegen die Rückenlehne des Sessels und
verharrt regungslos. Nagg klopft an den Deckel des an-
deren Mülleimers. Pause. Er klopft heftiger. Der Deckel
hebt sich, die um den Rand geklammerten Hände Nells
werden sichtbar, dann taucht ihr Kopf auf. Haube aus
Spitze. Sehr weiße Gesichtsfarbe.

NELL Was ist denn, mein Dicker? *Pause.* Willst du wieder
mit mir?

NAGG Hast du geschlafen?

NELL O nein.

NAGG Küß mich.

NELL Geht doch nicht.

NAGG Mal versuchen.

Die Köpfe nähern sich mühsam einander, ohne sich be-
rühren zu können, und weichen wieder auseinander.

NELL Warum diese Komödie, jeden Tag?

Pause.

NAGG Mein Zahn ist ausgefallen.

NELL Wann denn?

NAGG Gestern hatte ich ihn noch.

NELL *elegisch* Ah, gestern!

Sie wenden sich mühsam einander zu.

NAGG Siehst du mich?

NELL Schlecht. Und du?

NAGG Was?

NELL Siehst du mich?

NAGG Schlecht.

NELL Um so besser, um so besser.

NAGG Sag das nicht. *Pause.* Unsere Sehkraft hat gelitten.

NELL Ja.
    Pause.
    Sie wenden sich voneinander ab.

NAGG Hörst du mich?

NELL Ja. Und du?

NAGG Ja. *Pause.* Unser Gehör hat nicht gelitten.

NELL Unser was?

NAGG Unser Gehör.

NELL Nein. *Pause.* Hast du mir sonst noch was zu sagen?

NAGG Erinnerst du dich . . .

NELL Nein.

NAGG An den Tandemunfall, bei dem wir unsere Haxen
    verloren.
    Sie lachen.

NELL Es war in den Ardennen.
    Sie lachen leiser.

NAGG Am Ausgang von Sedan. *Sie lachen noch leiser.*
    Pause. Ist dir kalt?

NELL Ja, sehr kalt. Und dir?

NAGG Mich friert. *Pause.* Willst du wieder rein?

NELL Ja!

NAGG Dann geh rein. *Nell rührt sich nicht.* Warum gehst
    du nicht rein?

NELL Ich weiß nicht.
    Pause.

NAGG Hat man dein Sägemehl erneuert?

NELL Es ist kein Sägemehl. *Pause. Überdrüssig.* Kannst du
    dich nicht etwas genauer ausdrücken, Nagg?

NAGG Dann eben deinen Sand. Ist das so wichtig?

NELL Das ist wichtig.

  Pause.

NAGG Früher war es Sägemehl.

NELL Früher!

NAGG Und nun ist es Sand. *Pause.* Vom Strand. *Pause.*
  Lauter. Nun ist es Sand. Er holt ihn vom Strand.

NELL Nun ist es Sand.

NAGG Hat er deinen erneuert?

NELL Nein.

NAGG Meinen auch nicht. *Pause.* Man muß maulen. *Pause.*
  Den Zwieback zeigend. Willst du ein Stück?

NELL Nein. *Pause.* Wovon?

NAGG Vom Zwieback. Ich habe die Hälfte davon verwahrt.
  Er betrachtet den Zwieback. Stolz. Drei Viertel. Für dich.
  Da. *Er reicht ihr den Zwieback.* Nein? *Pause.* Ist dir nicht
  wohl?

HAMM *überdrüssig* Seid doch still, seid still, laßt mich
  doch schlafen. *Pause.* Sprecht leiser. *Pause.* Wenn ich
  schlafen könnte! Ich würde vielleicht lieben. In die Wälder gehen. Sehen . . . den Himmel, die Erde! Laufen! Flie-
  hen! *Pause.* Natur! *Pause.* Es tropft, es tropft in meinem
  Kopf. *Pause.* Es ist ein Herz, ein Herz in meinem Kopf.
  Pause.

NAGG *leise* Hast du gehört? Ein Herz in seinem Kopf!
  Er gluckst vorsichtig.

NELL Man soll nicht über so was lachen, Nagg. Warum
  lachst du immer darüber?

NAGG Nicht so laut!

NELL *ohne leiser zu sprechen* Nichts ist komischer als das
  Unglück, zugegeben. Aber . . .

NAGG *entrüstet* Oh!

NELL Doch, doch, es gibt nichts Komischeres auf der Welt.
  Und wir lachen darüber, wir lachen darüber, aus vollem

Herzen, am Anfang. Aber es ist immer dasselbe. Ja, es ist wie bei einem Witz, der einem zu oft erzählt wird, man findet ihn immer gut, aber man lacht nicht mehr darüber. *Pause*. Hast du mir sonst noch was zu sagen?

NAGG Nein.

NELL Denk gut nach.

Pause.

Ich werde dich also verlassen.

NAGG Willst du deinen Zwieback nicht? *Pause*. Ich verwahre ihn für dich.

Pause.

Ich dachte, du wolltest mich verlassen.

NELL Ich werde dich verlassen.

NAGG Kannst du mich vorher noch kratzen?

NELL Nein. *Pause*. Wo?

NAGG Am Rücken.

NELL Nein. *Pause*. Reib dich am Eimerrand.

NAGG Es ist tiefer. Am Kreuz.

NELL An welchem Kreuz?

NAGG Am Kreuz. *Pause*. Kannst du nicht? *Pause*. Gestern hast du mich da gekratzt.

NELL *elegisch* Ah, gestern!

NAGG Kannst du nicht? *Pause*. Willst du nicht, daß ich dich kratze? *Pause*. Weinst du schon wieder?

NELL Ich versuchte es.

Pause.

HAMM *leise* Es ist vielleicht ein Äderchen.

Pause.

NAGG Was hat er gesagt?

NELL Es ist vielleicht ein Äderchen.

NAGG Was soll das heißen? *Pause*. Das will nichts heißen. *Pause*. Ich werde dir den Witz vom Schneider erzählen.

NELL Warum?

NAGG Um dich aufzumuntern.

NELL Er ist gar nicht lustig.

NAGG Er hat dich immer zum Lachen gebracht. *Pause.* Beim ersten Mal habe ich geglaubt, du würdest sterben.

NELL Es war auf dem Comer See. *Pause.* An einem April-nachmittag. *Pause.* Kannst du es glauben?

NAGG Was?

NELL Daß wir über den Comer See gerudert sind. *Pause.* An einem Aprilnachmittag.

NAGG Wir hatten uns am Abend vorher verlobt.

NELL Verlobt!

NAGG Du hast so gelacht, daß wir gekentert sind. Wir hät-ten ertrinken sollen.

NELL Es war, weil ich mich glücklich fühlte.

NAGG Ach was, ach was, es war mein Witz. Beweis: du lachst immer noch darüber. Jedesmal.

NELL Es war tief, tief. Man sah bis auf den Grund. So weiß. So rein.

NAGG Hör ihn dir nochmal an. *Erzählerton.* Ein Englän-der – *er verzieht sein Gesicht, um einen Engländer nach-zuahmen, und entspannt es dann wieder* –, der dringend eine gestreifte Hose für die Silvesterfeier braucht, begibt sich zu seinem Schneider, der seine Maße nimmt. *Stimme des Schneiders.* »So, das wäre geschafft, kommen Sie in vier Tagen wieder, dann ist sie fertig.« Gut. Vier Tage spä-ter. *Stimme des Schneiders.* »Sorry, kommen Sie in acht Tagen wieder, der Hosenboden ist mißraten.« Gut, macht nichts, der Hosenboden ist nicht so einfach. – Acht Tage später. *Stimme des Schneiders.* »Bedaure sehr, kom-men Sie in zehn Tagen wieder, die Schrittnaht ist mißlun-gen.« Gut, einverstanden, die Schrittnaht ist delikat. – Zehn Tage später. *Stimme des Schneiders.* »Tut mir leid, kommen Sie in vierzehn Tagen wieder, der Schlitz ist miß-glückt.« Gut, wenn's denn sein muß, ein schöner Schlitz muß sitzen. *Pause. Normale Stimme.* Ich erzähle ihn schlecht. *Pause. Trübsinnig.* Ich erzähle diesen Witz immer schlechter. *Pause. Erzählerton.* Kurzum, die Osterglocken blühen schon, und er verpatzt die Knopflöcher. *Gesicht und dann Stimme des Kunden.* »Goddam, Sir, nein, das ist wirklich unverschämt, so was! In sechs Tagen, hören Sie, in sechs Tagen hat Gott die Welt erschaffen. Ja, mein Herr, jawohl, mein Herr, sage und schreibe: die Welt! Und Sie, Sie schaffen es nicht, mir in drei Monaten eine Hose zu nähen!« *Stimme des Schneiders, entrüstet.* »Aber Milord! Milord! Sehen Sie sich mal – *verächtliche Geste, angeekelt* – die Welt an . . . *Pause* . . . und sehen Sie da – *selbstgefällige Geste, voller Stolz* – meine Hose!«

Pause. Er starrt die gleichgültig gebliebene, ins Leere schauende Nell an, bricht in ein krampfhaftes, schrilles Lachen aus, schweigt plötzlich, schiebt seinen Kopf an Nell heran und lacht wieder los.

HAMM Ruhe!

Nagg zuckt zusammen und hört auf zu lachen.

NELL Man sah bis auf den Grund.

HAMM *aufgebracht* Seid ihr noch nicht am Ende? Kommt ihr nie zu Ende? *Plötzlich wütend.* Es nimmt also kein Ende! *Nagg verschwindet im Mülleimer und klappt den Deckel zu. Nell rührt sich nicht.* Worüber können sie denn reden, worüber kann man noch reden? *Rasend.* Mein Königreich für einen Müllkipper! *Er pfeift. Clov kommt herein.* Weg mit diesem Dreck! Ins Meer damit!

Clov geht zu den Mülleimern und bleibt stehen.

NELL So weiß.

HAMM Was? Was erzählt sie da?

Clov beugt sich über Nell und befühlt ihr Handgelenk.

NELL *leise, zu Clov* Hau doch ab.

Clov läßt ihr Handgelenk los, steckt sie in den Mülleimer, klappt den Deckel zu und richtet sich wieder auf.

CLOV *auf dem Wege zu seinem Platz neben dem Sessel* Sie hat keinen Puls mehr.

HAMM Was hat sie in ihren Bart gebrummt?

CLOV Sie sagte, ich solle abhauen, in die Wüste.

HAMM In was mische ich mich ein? Ist das alles?

CLOV Nein.

HAMM Was denn noch?

CLOV Ich hab's nicht verstanden.

HAMM Hast du sie eingesperrt?

CLOV Ja.

HAMM Sind nun beide eingesperrt?

CLOV Ja.

HAMM Wir werden die Deckel vernieten. *Clov geht zur Tür.* Es eilt nicht. *Clov bleibt stehen.* Meine Wut läßt nach, ich möchte wohl Pipi machen.

CLOV Ich hole den Katheter. *Er geht zur Tür.*

HAMM Es eilt nicht. *Clov bleibt stehen.* Gib mir mein Beruhigungsmittel.

CLOV Es ist zu früh. *Pause.* Es ist zu früh nach deinem Stärkungsmittel, es würde nicht wirken.

HAMM Morgens wird man aufgeputscht und abends wird man betäubt. Oder umgekehrt. *Pause.* Er ist natürlich gestorben, der alte Arzt.

CLOV Er war nicht alt.

HAMM Aber er ist gestorben?

CLOV Natürlich. *Pause.* Und du fragst mich das?
Pause.

HAMM Laß mich eine kleine Runde machen. *Clov stellt sich hinter den Sessel und schiebt ihn ein Stück voran.* Nicht zu schnell. *Clov schiebt den Sessel weiter.* Eine Runde um die Welt. *Clov schiebt den Sessel weiter.* Scharf an der Wand entlang. Dann wieder zurück in die Mitte. *Clov schiebt den Sessel weiter.* Ich stand doch genau in der Mitte, nicht wahr?

CLOV Ja.

HAMM Wir müßten einen richtigen Rollstuhl haben. Mit großen Rädern. Wie beim Fahrrad. *Pause.* Scharf an der Wand entlang, nicht wahr?

CLOV Ja.

HAMM *mit der Hand die Wand abtastend* Es stimmt nicht! Warum belügst du mich?

CLOV *näher an die Wand heranfahrend* Da, da!

HAMM Stop! *Clov hält den Sessel ganz in der Nähe der Hinterwand an. Hamm legt die Hand an die Wand. Pause.* Alte Wand! *Pause.* Jenseits ist ... die andere Hölle. *Pause. Heftig.* Noch näher! Noch näher! Ganz ran!

CLOV Nimm die Hand weg. *Hamm zieht seine Hand zurück. Clov schiebt den Sessel gegen die Wand.* Da! *Hamm bückt sich und preßt sein Ohr an die Wand.*

HAMM Hörst du? *Er klopft mit seinem gekrümmten Finger an die Wand.* Hörst du? Hohle Backsteine. *Er klopft weiter.* Das ist alles hohl. *Pause. Er richtet sich auf. Heftig.* Genug. Jetzt wieder zurück.

CLOV Wir haben die Runde noch nicht beendet.

HAMM Zurück an meinen Platz. *Clov schiebt den Sessel wieder an seinen Platz und hält ihn an.* Ist das hier mein Platz?

CLOV Ja, dein Platz ist hier.

HAMM Stehe ich genau in der Mitte?

CLOV Ich werde nachmessen.

HAMM Ungefähr! Ungefähr!

CLOV Da.

HAMM Stehe ich ungefähr in der Mitte?

CLOV Es scheint mir so.

HAMM Es scheint dir so! Stell mich genau in die Mitte!

CLOV Ich hole den Zollstock.

HAMM Ach was! So in etwa. So in etwa. *Clov schiebt den Sessel unmerklich weiter.* Genau in die Mitte!

CLOV Da! *Pause.*

HAMM Ich fühle mich etwas zu weit links. *Clov schiebt den Sessel unmerklich weiter. Pause.* Jetzt fühle ich mich etwas zu weit rechts. *Das gleiche Spiel.* Ich fühle mich etwas zu weit vorn. *Das gleiche Spiel.* Jetzt fühle ich mich etwas zu weit hinten. *Das gleiche Spiel.* Bleib nicht da stehen! – d. h. hinterm Sessel – du machst mir angst.
Clov kehrt an seinen Platz neben dem Sessel zurück.

CLOV Wenn ich ihn töten könnte, würde ich zufrieden sterben.
Pause.

HAMM Wie ist das Wetter?

CLOV Wie gewöhnlich.

HAMM Schau dir die Erde an.

CLOV Ich habe sie angeschaut.

HAMM Durch das Fernglas?

CLOV Man braucht kein Fernglas.

HAMM Schau sie dir durch das Fernglas an.

CLOV Ich hole das Fernglas.
Er geht hinaus.

HAMM *höhnisch* Man braucht kein Fernglas!
Clov kommt mit dem Fernglas in der Hand wieder.

CLOV Ich bin wieder da, mit dem Fernglas. *Er geht auf das rechte Fenster zu und betrachtet es.* Ich brauche die Leiter.

HAMM Warum? Bist du kleiner geworden? *Clov geht mit dem Fernglas in der Hand hinaus.* Ich mag das nicht, ich mag das nicht.
Clov kommt mit der Leiter, aber ohne Fernglas herein.

CLOV Ich bin wieder da mit der Leiter. *Er stellt die Leiter unterm rechten Fenster hin, steigt hinauf, merkt, daß er das Fernglas nicht mehr hat, und steigt von der Leiter.* Ich brauche das Fernglas. *Er geht zur Tür.*

HAMM *heftig* Du hast doch das Fernglas!

CLOV *hält an, heftig* Eben nicht, ich hab das Fernglas
nicht! *Er geht.*

HAMM Es ist zum Weinen!

*Clov kommt herein, mit dem Fernglas in der Hand. Er
geht zur Leiter.*

CLOV Es wird wieder heiter. *Er steigt auf die Leiter und
richtet das Fernglas nach draußen.* Mal sehen ... *Er
schaut, indem er das Fernglas hin und her schwenkt.*
Nichts ... *er schaut* ... nichts ... *er schaut* ... und wieder nichts. *Er läßt das Fernglas sinken und wendet sich
Hamm zu.* Na? Beruhigt?

HAMM Nichts rührt sich. Alles ist ...

CLOV Ni ...

HAMM *heftig* Ich rede nicht mit dir! *Normale Stimme.* Alles ist ... alles ist ... alles ist was? *Heftig.* Alles ist was?

CLOV Was alles ist? In einem Wort? Das möchtest du wissen? Moment mal. *Er richtet das Fernglas nach draußen,
schaut, läßt das Fernglas sinken und wendet sich Hamm
zu.* Aus! *Pause.* Na? Zufrieden?

HAMM Schau dir die See an.

CLOV Es ist das gleiche.

HAMM Schau dir den Ozean an!

*Clov steigt von der Leiter, stellt sie unterm linken Fenster
auf, steigt hinauf, richtet das Fernglas nach draußen und
schaut lange hindurch. Er zuckt zusammen, läßt das
Fernglas sinken, prüft es und setzt es von neuem an.*

CLOV Hat man je so was gesehen!

HAMM *beunruhigt* Was denn? Ein Segel? Eine Flosse?
Eine Rauchfahne?

CLOV *schauend* Der Leuchtturm liegt im Kanal.

HAMM *erleichtert* Pah! Der liegt schon lange da.

CLOV *schauend* Es war ein Stück davon übriggeblieben.

HAMM Das Fundament.

CLOV *schauend* Ja.

HAMM Und nun?

CLOV *schauend* Nichts mehr.

HAMM Keine Möwen?

CLOV *schauend, ärgerlich* Möwen!

HAMM Und der Horizont? Nichts am Horizont?

CLOV *das Fernglas absetzend, sich Hamm zuwendend voller Ungeduld* Was soll denn schon am Horizont sein? *Pause.*

HAMM Die Wogen, wie sind die Wogen?

CLOV Die Wogen? *Er setzt das Fernglas an.* Aus Blei.

HAMM Und die Sonne?

CLOV *schauend* Keine.

HAMM Sie müßte eigentlich gerade untergehen. Schau gut nach.

CLOV *nachdem er nachgeschaut hat* Denkste.

HAMM Es ist also schon Nacht?

CLOV *schauend* Nein.

HAMM Was denn?

CLOV *schauend* Es ist grau. *Er setzt das Fernglas ab und wendet sich Hamm zu. Lauter.* Grau! *Pause. Noch lauter.* Grau! *Er steigt von der Leiter, nähert sich Hamm von hinten und flüstert ihm ins Ohr.*

HAMM *zuckt zusammen* Grau! Sagtest du grau?

CLOV Hellschwarz, allüberall.

HAMM Du übertreibst. *Pause.* Bleib nicht da stehen, du machst mir angst.

Clov geht wieder an seinen Platz neben dem Sessel.

CLOV Warum diese Komödie, jeden Tag?

HAMM Der alte Schlendrian. Man kann nie wissen. *Pause.* Diese Nacht habe ich in meine Brust gesehen. Darin war eine kleine Wunde.

CLOV Du hast dein Herz gesehen.

HAMM Nein, es lebte. *Pause. Ängstlich.* Clov!

CLOV Ja.

HAMM Was ist nur los?

CLOV Irgend etwas geht seinen Gang.

  Pause.

HAMM Clov!

CLOV *gereizt* Was ist denn?

HAMM Wir sind doch nicht im Begriff, etwas zu ... zu ...
  bedeuten?

CLOV Bedeuten? Wir, etwas bedeuten? *Kurzes Lachen.*
  Das ist aber gut!

HAMM Ich frage es mich. *Pause.* Wenn ein vernunftbegabtes
  Wesen auf die Erde zurückkehrte und uns lange genug be-
  obachtete, würde es sich dann nicht Gedanken über uns
  machen? *Mit der Stimme des vernunftbegabten Wesens.*
  Ah, ja, jetzt versteh ich, was es ist, ja, jetzt begreife ich, was
  sie machen! *Clov zuckt zusammen, läßt das Fernglas fallen und beginnt, sich mit beiden Händen den Unterleib zu
  kratzen. Normale Stimme.* Und ohne überhaupt so weit
  zu gehen, machen wir selbst ... *gerührt.* wir selbst ...
  uns nicht manchmal ... *Ungestüm.* Wenn man bedenkt,
  daß alles vielleicht nicht umsonst gewesen sein wird!

CLOV *ängstlich, sich kratzend* Ich habe einen Floh!

HAMM Einen Floh! Gibt es noch Flöhe!?

CLOV *sich kratzend* Auf mir ist einer. Es sei denn, es ist eine
  Filzlaus.

HAMM *sehr beunruhigt* Von da aus könnte sich ja die
  Menschheit von neuem entwickeln! Fang ihn, um des
  Himmels willen!

CLOV Ich hole das Pulver.

  Er geht hinaus.

HAMM Ein Floh! Das ist ja schrecklich! Was für ein Tag!
  Clov kommt mit einer Streudose in der Hand herein.

CLOV Ich bin wieder da, mit dem Insektentod.

HAMM Streu es ihm mitten in die Fresse!
  Clov zieht sein Hemd aus der Hose, die er so aufknöpft

*und offen hält, daß er das Pulver von oben hineinstreuen
kann. Er bückt sich, schaut nach, wartet, zittert, streut
wild noch mehr Pulver hinein, bückt sich, schaut nach
und wartet.*

CLOV So ein Biest!

HAMM Hast du es erwischt?

CLOV Es scheint so. *Er läßt die Streudose fallen und ordnet
seine Kleider.* Es sei denn, daß er sich kuschelt.

HAMM Kuschelt? An wen? Kuscht willst du sagen. Es sei
denn, daß er sich kuscht.

CLOV Ah! Man sagt kuscht? Man sagt nicht kuschelt?

HAMM Stell dir vor! Wenn er sich an eine kuschelte, wären
wir bedient. *Pause.*

CLOV Und dein Pipi?

HAMM Wird gemacht.

CLOV Ah, das ist gut, das ist gut.
Pause.

HAMM *schwungvoll* Laß uns beide abhauen, nach Süden!
Übers Meer! Du baust uns ein Floß. Die Strömungen trei-
ben uns fort, weit weg, zu anderen . . . Säugetieren!

CLOV Nenn das Unglück nicht beim Namen!

HAMM Allein, ich werde allein aufbrechen! Mach mir sofort das Floß. Morgen werde ich schon weit weg sein!

CLOV *stürzt zur Tür.* Ich mach mich gleich daran.

HAMM Warte mal! *Clov bleibt stehen.* Meinst du, daß es da
Haifische gibt?

CLOV Haifische? Ich weiß nicht. Wenn es noch welche gibt,
gibt es da welche. *Er geht zur Tür.*

HAMM Warte mal! *Clov bleibt stehen.* Muß ich noch immer nicht mein Beruhigungsmittel einnehmen?

CLOV *heftig* Nein!
Er geht zur Tür.

HAMM Warte mal! *Clov bleibt stehen.* Wie geht es deinen
Augen?

CLOV Schlecht.

HAMM Aber du siehst.

CLOV Genug.

HAMM Wie geht es deinen Beinen?

CLOV Schlecht.

HAMM Aber du läufst.

CLOV Hin . . . und her.

HAMM In meinem Hause. *Pause. Prophetisch und wollü-
stig.* Eines Tages wirst du blind sein. Wie ich. Du wirst irgendwo sitzen, ganz winzig, verloren im Leeren, für immer im Finstern. Wie ich. *Pause.* Eines Tages wirst du dir
sagen: Ich bin müde, ich setze mich, und du wirst dich setzen. Dann wirst du dir sagen: Ich habe Hunger, ich steh
jetzt auf und mach mir zu essen. Aber du wirst nicht aufstehen. Du wirst dir sagen: Ich hätte mich nicht setzen
sollen, aber da ich mich gesetzt habe, bleib ich noch ein
wenig sitzen, dann steh ich auf und mach mir zu essen.
Aber du wirst nicht aufstehen, und du wirst dir nichts zu
essen machen. *Pause.* Du wirst die Wand ein wenig betrachten, und dann wirst du dir sagen: Ich schließe die
Augen und schlafe vielleicht ein wenig, danach geht's besser, und du wirst sie schließen. Und wenn du sie wieder
öffnest, wird keine Wand mehr da sein. *Pause.* Die Un-
endlichkeit der Leere wird dich umgeben, alle auferstan-
denen Toten aller Zeiten würden sie nicht ausfüllen, du
wirst darin wie ein kleiner Kiesel mitten in der Wüste
sein. *Pause.* Ja, eines Tages wirst du wissen, wie es ist,
wirst du wie ich sein, nur daß du niemanden haben wirst,
weil du niemand bemitleidet hast und weil es dann niemand mehr zu bemitleiden gibt.
Pause.

CLOV Das ist nicht gesagt. *Pause.* Übrigens vergißt du etwas.

HAMM So?!

CLOV Ich kann mich nicht setzen.

HAMM *ungeduldig* Dann wirst du dich eben legen, als wenn das was wäre. Oder du wirst ganz einfach anhalten und stehen bleiben, wie jetzt. Eines Tages sagst du dir: Ich bin müde, ich halte an. Ganz gleich wie!
Pause.

CLOV Ihr wollt also alle, daß ich euch verlasse.

HAMM Natürlich!

CLOV Dann werde ich euch verlassen.

HAMM Du kannst uns nicht verlassen.

CLOV Dann werde ich euch nicht verlassen.
Pause.

HAMM Du brauchst uns nur zu erledigen. *Pause.* Ich werde dir sagen, wie der Speiseschrank aufgeht, wenn du schwörst, mich zu erledigen.

CLOV Ich könnte dich nicht erledigen.

HAMM Dann wirst du mich nicht erledigen.
Pause.

CLOV Ich verlasse dich, ich habe zu tun.

HAMM Erinnerst du dich an deine Ankunft hier?

CLOV Nein. Zu klein, sagtest du mir.

HAMM Erinnerst du dich an deinen Vater?

CLOV *überdrüssig* Die gleiche Replik. *Pause.* Du hast mir diese Fragen millionenmal gestellt.

HAMM Ich liebe die alten Fragen. *Schwungvoll.* Ah, die alten Fragen, die alten Antworten, da geht nichts drüber!
Pause. Ich habe dir als Vater gedient.

CLOV Ja, du hast mir dazu gedient.

HAMM Mein Haus hat dir als Heim gedient.

CLOV Ja. *Er schaut lange ringsherum.* Dies hat mir dazu gedient.

HAMM *stolz* Ohne mich – *er zeigt auf sich* – keinen Vater. Ohne Hamm – *er zeigt ringsherum* – kein Heim.
Pause.

CLOV Ich verlasse dich.

HAMM Hast du nie daran gedacht . . .

CLOV Nie.

HAMM Daß wir hier in einem Loch stecken. *Pause.* Hinterm Gebirge aber? Na? Wenn es da noch grün wäre? Na? *Pause.* Flora! Pomona! *Pause. Entzückt.* Ceres! *Pause.* Du brauchst vielleicht gar nicht weit zu gehen.

CLOV Ich kann nicht weit gehen. *Pause.* Ich verlasse dich.

HAMM Ist mein Hund fertig?

CLOV Ihm fehlt noch ein Bein.

HAMM Er ist weich, nicht wahr?

CLOV Es ist eine Art Pudel.

HAMM Hol ihn mal.

CLOV Ihm fehlt noch ein Bein.

HAMM Hol ihn mal! *Clov geht. Es geht voran. Er zieht sein Taschentuch heraus, und, ohne es zu entfalten, wischt er sich damit übers Gesicht. Clov kommt mit einem schwarzen Plüschhund herein, den er an einem der drei Beine festhält.*

CLOV Deine Hunde sind da.
     Er gibt den Hund Hamm, der ihn auf seine Knie stellt, ihn betastet und streichelt.

HAMM Er ist weiß, nicht wahr?

CLOV Beinahe.

HAMM *gereizt* Wieso beinahe? Ist er weiß oder ist er es nicht?

CLOV Er ist es nicht.
     Pause.

HAMM Du hast das Geschlecht vergessen.

CLOV *verärgert* Er ist doch noch nicht fertig. Das Geschlecht kommt zuletzt dran. *Pause.*

HAMM Du hast ihm sein Halsband nicht angelegt.

CLOV *wütend* Er ist noch nicht fertig, sage ich dir! Man macht seinen Hund zuerst fertig, dann legt man ihm sein Halsband an. *Pause.*

HAMM Bleibt er eigentlich stehen?

CLOV Ich weiß nicht.

HAMM Versuch mal. *Er reicht den Hund Clov, der ihn auf den Boden stellt.* Na und?

CLOV Warte!
Er hockt sich hin und versucht vergeblich, den Hund zum Stehen zu bringen. Er läßt ihn los. Der Hund kippt um.

HAMM Na und?

CLOV Er bleibt stehen.

HAMM *herumtappend* Wo? Wo ist er?
Clov stellt den Hund auf die Beine und hält ihn fest.

CLOV Da! *Er nimmt Hamms Hand und führt sie an den Kopf des Hundes.*

HAMM *mit der Hand auf dem Kopf des Hundes* Schaut er mich an?

CLOV Ja.

HAMM *stolz* Als ob er mich bäte, spazierenzugehen.

CLOV Wenn man will.

HAMM *stolz* Oder als ob er mich um einen Knochen bäte. *Er zieht seine Hand zurück.* Laß ihn so mich anflehen. *Clov richtet sich wieder auf. Der Hund kippt um.*

CLOV Ich verlasse dich.

HAMM Hast du deine Erscheinungen gehabt?

CLOV Weniger.

HAMM Ist Licht bei Mutter Pegg?

CLOV Licht! Wie soll bei irgend jemand Licht sein?

HAMM Also erloschen!

CLOV Selbstverständlich ist es erloschen! Wenn es nicht mehr da ist, ist es erloschen.

HAMM Nein, ich meine doch Mutter Pegg.

CLOV Selbstverständlich ist sie erloschen! Was hast du eigentlich heute?

HAMM Ich gehe meinen Gang. *Pause.* Hat man sie beerdigt?

CLOV Beerdigt! Wer soll sie denn beerdigen?

HAMM Du.

CLOV Ich! Habe ich nicht genug zu tun, ohne die Leute zu
   beerdigen?

HAMM Mich wirst du aber beerdigen.

CLOV Nein, dich werde ich nicht beerdigen.
   Pause.

HAMM Sie war bildhübsch, früher, und überhaupt nicht
   spröde.

CLOV Wir waren auch hübsch, früher. Man ist selten nicht
   hübsch gewesen, früher.
   Pause.

HAMM Hol mir den Bootshaken.
   Clov geht zur Tür und bleibt stehen.

CLOV Tu dies, tu das, und ich tu's. Ich weigere mich nie.
   Warum?

HAMM Du kannst es nicht.

CLOV Bald werde ich es nicht mehr tun.

HAMM Du wirst es nicht mehr können. *Clov geht hinaus.*
   Ah, die Leute, die Leute, man muß ihnen alles erklären.
   Clov kommt mit dem Bootshaken herein.

CLOV Hier ist dein Bootshaken. Friß ihn.
   *Er gibt den Bootshaken Hamm, der sich stakend bemüht,
   den Sessel nach links, nach rechts und nach hinten zu
   schieben.*

HAMM Komme ich voran?

CLOV Nein.
   Hamm wirft den Bootshaken weg.

HAMM Hol das Kännchen.

CLOV Wozu?

HAMM Um die Röllchen zu ölen.

CLOV Ich habe sie gestern geölt.

HAMM Gestern! Was soll das heißen? Gestern?

CLOV *heftig* Das soll heißen, es ist schon ein dickes Ende

Elend her. Ich gebrauche die Wörter, die du mir beigebracht hast. Wenn sie nichts mehr heißen wollen, bring
mir dann andere bei. Oder laß mich schweigen.
Pause.

HAMM Ich habe einen Verrückten gekannt, der glaubte, das
Ende der Welt sei gekommen. Er malte Bilder. Ich hatte
ihn gern. Ich besuchte ihn manchmal in der Anstalt. Ich
nahm ihn an der Hand und zog ihn ans Fenster. Sieh doch
mal! Da! Die aufgehende Saat! Und da! Sieh mal! Die Segel der Sardinenboote. All diese Herrlichkeit! *Pause.* Er
riß seine Hand los und kehrte wieder in seine Ecke zurück. Erschüttert. Er hatte nur Asche gesehen. *Pause.* Er
allein war verschont geblieben. *Pause.* Vergessen. *Pause.*
Anscheinend ist der Fall . . . war der Fall . . . gar keine Sel-
tenheit.

CLOV Ein Verrückter? Wann war das?

HAMM Oh, es liegt weit, weit zurück. Du warst noch nicht
auf der Welt.

CLOV Die goldene Zeit!
Pause. Hamm hebt seine Kappe an.

HAMM Ich hatte ihn gern. *Pause. Er setzt seine Kappe wieder auf. Pause.* Er malte Bilder.

CLOV Es gibt so viele schreckliche Dinge.

HAMM Nein, nein, es gibt gar nicht mehr so viele. *Pause.*
Clov.

CLOV Ja.

HAMM Meinst du nicht, daß es lange genug gedauert hat?

CLOV Doch! *Pause.* Was?

HAMM Dies . . . alles.

CLOV Seit jeher schon. *Pause.* Du nicht?

HAMM *trübsinnig* Es ist also ein Tag wie jeder andere.

CLOV Solange er dauert. *Pause.* Das ganze Leben die glei-
chen Albernheiten.
Pause.

HAMM Ich kann dich ja nicht verlassen.

CLOV Ich weiß. Und du kannst mir nicht folgen.

 Pause.

HAMM Wenn du mich verläßt, wie würde ich das merken?

CLOV *angeregt* Dann pfeifst du eben, und wenn ich nicht
 gelaufen komme, habe ich dich halt verlassen!

 Pause.

HAMM Wirst du nicht kommen, um mir adieu zu sagen?

CLOV Oh, ich glaube nicht.

 Pause.

HAMM Du könntest aber nur in deiner Küche gestorben
 sein.

CLOV Das käme auf das gleiche raus.

HAMM Ja, aber wie würde ich merken, daß du nur in deiner
 Küche gestorben bist?

CLOV Hm . . . ich würde schließlich stinken.

HAMM Du stinkst jetzt schon. Das ganze Haus stinkt nach
 Kadaver.

CLOV Die ganze Welt.

HAMM *wütend* Ich scheiß was auf die Welt! *Pause.* Erfinde
 etwas!

CLOV Wie bitte?

HAMM Einen Trick, erfinde einen Trick. *Pause. Wütend.* Irgendeinen Plan.

CLOV Ach so. *Er beginnt mit auf den Boden gerichtetem
 Blick und den Händen auf dem Rücken hin und herzuge-
 hen. Er bleibt stehen.* Meine Beine tun mir weh, es ist
 nicht zu glauben. Ich werde bald nicht mehr denken können.

HAMM Du wirst mich nicht verlassen können. *Clov geht
 wieder.* Was machst du?

CLOV Ich plane. Er *geht wieder.* Ah! *Er bleibt stehen.*

HAMM Was für ein Denker! *Pause.* Na und?

CLOV Warte mal. *Er konzentriert sich. Nicht sehr über-*

zeugt. Ja . . . *Pause. Überzeugter.* Ja. *Er richtet den Kopf auf.* Ich hab's. Ich ziehe den Wecker auf.
Pause.

HAMM Ich habe heute vielleicht keinen guten Tag, aber –

CLOV Du pfeifst mir. Ich komme nicht. Der Wecker rasselt. Ich bin weg. Er rasselt nicht. Ich bin tot.
Pause.

HAMM Geht er überhaupt? *Pause. Ungeduldig.* Ob der Wecker geht?

CLOV Warum sollte er nicht gehen?

HAMM Weil er zuviel gegangen ist.

CLOV Er ist doch kaum gegangen.

HAMM *wütend* Dann, weil er zu wenig gegangen ist!

CLOV Ich werde nachsehen. *Er geht. Spiel mit dem Taschentuch. Kurzes Rasseln des Weckers hinter den Kulissen. Clov kommt mit dem Wecker in der Hand herein. Er nähert sich Hamms Ohr und setzt das Läutewerk in Gang. Sie hören sich das Rasseln bis zum Ende an. Pause.* Damit kann man Tote aufwecken! Hast du gehört?

HAMM Von weitem.

CLOV Das Ende ist unerhört.

HAMM Ich mag die Mitte lieber. *Pause.* Muß ich jetzt nicht mein Beruhigungsmittel einnehmen?

CLOV Nein. *Er geht zur Tür und dreht sich um.* Ich verlasse dich.

HAMM Dann muß ich jetzt meine Geschichte erzählen. Willst du meine Geschichte hören?

CLOV Nein.

HAMM Frage meinen Vater, ob er meine Geschichte hören will.

Clov geht zu den Mülleimern, hebt den Deckel von Naggs Mülleimer hoch, schaut hinein und bückt sich darüber. Pause. Er richtet sich wieder auf.

CLOV Er schläft.

HAMM Weck ihn.

Clov bückt sich, weckt Nagg mit dem Wecker, spricht in den Mülleimer. Unverständliche Worte. Clov richtet sich wieder auf.

CLOV Er will deine Geschichte nicht hören.

HAMM Ich werde ihm einen Bonbon geben.

Clov bückt sich. Unverständliche Worte. Clov richtet sich wieder auf.

CLOV Er will eine Praline.

HAMM Er kriegt eine Praline.

Clov bückt sich. Unverständliche Worte. Clov richtet sich wieder auf.

CLOV Er macht's. *Clov geht zur Tür. Nagg klammert seine Hände um den Mülleimerrand. Dann taucht der Kopf auf. Clov öffnet die Tür und dreht sich um.* Glaubst du an das zukünftige Leben?

HAMM Meines ist es immer gewesen. *Clov geht und schlägt die Tür hinter sich zu.* Peng! Das saß!

NAGG Ich höre zu.

HAMM Du Schweinehund! Warum hast du mich gemacht?

NAGG Ich konnte nicht wissen . . .

HAMM Was? Was konntest du nicht wissen?

NAGG Daß du es würdest. *Pause.* Gibst du mir eine Praline?

HAMM Nach dem Zuhören.

NAGG Schwörst du es?

HAMM Ich schwöre.

NAGG Worauf?

HAMM Die Ehre.

Pause. Sie lachen.

NAGG Zwei?

HAMM Eine.

NAGG Eine für mich und eine . . .

HAMM Eine! Still jetzt. *Pause.* Wo war ich stehengebliehen? *Pause. Trübsinnig.* Es ist aus. Mit uns ist es aus. *Pause.* Bald aus. *Pause.* Es wird keine Stimme mehr geben. *Pause.* Es tropft, es tropft in meinem Kopf, seit der Zeit der Fontanellen. *Unterdrückte Heiterkeit Naggs.* Es klatscht immer auf dieselbe Stelle. *Pause.* Es ist vielleicht ein Äderchen. *Pause.* Ein Schlagäderchen. *Pause. Lebhafter.* Also los, es ist an der Zeit, wo war ich stehengeblieben? *Pause. Erzählerton.* Der Mann näherte sich langsam auf dem Bauche kriechend. Er war wunderbar blaß und mager und schien drauf und dran zu sein ... *Pause. Normaler Ton.* Nein, das hatte ich schon. *Pause. Erzählerton.* Es breitete sich eine große Stille aus. *Normaler Ton.* Schöne Stelle. *Erzählerton.* Ich stopfte in aller Ruhe meine Pfeife ... die aus Meerschaum, steckte sie mit einem ... sagen wir Schwefelholz an und machte einige Züge. Aah! *Pause.* Also los, reden Sie. *Pause.* An jenem Tage, daran erinnere ich mich, herrschte eine außergewöhnlich bittere Kälte, null auf dem Thermometer. Aber an einem Heiligen Abend wie damals war das nichts ... nichts Außergewöhnliches. Ein der Jahreszeit entsprechendes Wetter, wie es zuweilen vorkommt. *Pause.* Na, welcher schlimme Wind führt Sie hierher? Er hob sein von Schmutz und Tränen schwarzverklebtes Gesicht zu mir auf. *Pause. Normaler Ton.* So wird's gehen. *Erzählerton.* Nein, nein, schauen Sie mich nicht an, schauen Sie mich nicht an! Er schlug die Augen nieder, indem er murmelte, wahrscheinlich Entschuldigungen. *Pause.* Ich bin ziemlich beschäftigt, Sie wissen doch, was das heißt, die Vorbereitungen zum Fest. *Pause. Laut.* Was soll nur diese Aufdringlichkeit? *Pause.* An jenem Tage, nun fällt es mir wieder ein, schien eine ganz herrliche Sonne, fünfzig auf dem Heliometer, aber sie versank schon im ... bei den Toten. *Normaler Ton.* Schöne Stelle. *Erzählerton.* Nur zu, nur zu, tragen Sie Ihr Anliegen vor, ich habe noch unheimlich viel zu tun. *Normaler Ton.* Ja, das ist gutes Deutsch! Na ja. *Erzählerton.* In dem Moment faßte er seinen Entschluß. Es ist mein Kind, sagte er. Oh je, oh je, ein Kind, das ist aber ärgerlich. Mein Kleiner, sagte er, als ob das Geschlecht wichtig wäre. Wo kam er her? Er nannte mir das Kaff. Gut einen halben Tag entfernt, zu Roß. Erzählen Sie bloß nicht, daß es da unten noch eine Bevölkerung gibt. Das fehlte noch! Nein, nein, niemand, außer ihm und dem Kind, wenn es überhaupt existierte. Gut, gut. Ich erkundigte mich nach der Lage in Kov, jenseits der Bucht. Kein Schwanz! Gut, gut. Und Sie wollen mir weismachen, daß Sie Ihr Kind dort gelassen hätten, ganz allein und sogar lebend? Hören Sie doch auf. *Pause.* An jenem Tage, so erinnere ich mich, wütete ein peitschender Wind, hundert auf dem Anemometer. Er riß die morschen Fichten aus und wehte sie ... weit weg. *Normaler Ton.* Schwache Stelle. *Erzählerton.* Los, los, was wollen Sie eigentlich, ich muß meinen Tannenbaum schmücken. *Pause.* Kurzum, schließlich begriff ich, daß er Brot wollte, für sein Kind. Brot! Ein Bettler, wie gewöhnlich. Brot? Ich habe doch kein Brot, ich verdaue es nicht. Gut. Also Getreide! *Pause. Normaler Ton.* So wird's gehen. *Erzählerton.* Getreide habe ich, das stimmt, in meinen Speichern. Aber überlegen Sie doch, überlegen Sie. Ich gebe Ihnen Getreide, ein Kilo, anderthalb Kilo, Sie bringen es Ihrem Kinde und Sie bereiten ihm daraus – wenn es noch lebt – einen vollen Napf Brei, *Nagg reagiert,* anderthalb Näpfe nahrhaften Breis. Gut. Es bekommt wieder Farbe – vielleicht. Und dann? *Pause.* Ich ärgerte mich. Aber überlegen Sie doch, überlegen Sie, Sie sind auf der Erde, dagegen gibt es kein Mittel! *Pause.* An jenem Tage, nun fällt es mir wieder ein, war ein äußerst trockenes Wetter, null auf dem Hygrometer. Ideal für meinen Rheumatismus. *Pause. Aufbrausend.* Was erhof-

fen Sie eigentlich? Daß die Erde im Frühling wieder erwacht? Daß Meer und Flüsse wieder fischreich werden?
Daß es noch Manna im Himmel gebe, für Idioten wie Sie?
Pause. Nach und nach beruhigte ich mich, jedenfalls genug, um ihn zu fragen, wieviel Zeit er zum Kommen ge-
braucht habe. Drei volle Tage. In welchem Zustand er
sein Kind hinterlassen habe. In Schlaf versunken. *Heftig.*
Aber in welchen Schlaf schon, in welchen Schlaf? *Pause.*
Kurzum, schließlich schlug ich ihm vor, in meine Dienste
zu treten. Er hatte mich gerührt. Und ich bildete mir auch
schon ein, nicht mehr lange mitzumachen. *Er lacht.*
Pause. Na? *Pause.* Na? *Pause.* Hier könnten Sie bei ei-
nigem Geschick eines schönen Todes sterben, mit den
Füßen im Trockenen. *Pause.* Na? *Pause.* Er fragte mich
schließlich, ob ich bereit wäre, auch das Kind aufzunehmen, wenn es noch lebte. *Pause.* Das war der Augenblick,
auf den ich wartete. *Pause.* Ob ich bereit wäre, das Kind
aufzunehmen. *Pause.* Ich sehe ihn wieder, auf den Knien,
die Hände auf den Boden gestützt, mich mit seinem irren
Blick anstarren, trotz allem, was ich ihm diesbezüglich
ausdrücklich zu verstehen gegeben hatte. *Pause. Normaler Ton.* Genug für heute. *Pause.* Sie reicht nicht mehr
lange, diese Geschichte. *Pause.* Es sei denn, ich führte andere Personen ein. *Pause.* Wo soll ich sie aber finden?
Pause. Wo soll ich sie suchen? *Pause. Er pfeift. Clov
kommt herein.* Lasset uns zu Gott beten.

NAGG Meine Praline.

CLOV Es ist eine Ratte in der Küche.

HAMM Eine Ratte! Gibt es noch Ratten?

CLOV In der Küche ist eine.

HAMM Und du hast sie nicht ausgerottet?

CLOV Halb. Du hast uns gestört.

HAMM Sie kann sich nicht retten?

CLOV Nein.

HAMM Du wirst sie nachher erledigen. Lasset uns zu Gott beten.

CLOV Schon wieder?

NAGG Meine Praline!

HAMM Erst zu Gott beten! *Pause.* Seid ihr soweit?

CLOV *resigniert* Meinetwegen.

HAMM *zu Nagg* Und du?

NAGG *die Hände faltend und die Augen schließend, sehr schnell sprechend* Vater unser, der Du bist im . . .

HAMM Still! Jeder für sich! Etwas Haltung! Also los. *Gebetshaltungen. Stille. Hamm ist der erste Entmutigte.* Na?

CLOV *die Augen wieder öffnend* Kein Gedanke! Und du?

HAMM Kein Funke! *Zu Nagg.* Und du?

NAGG Moment! *Pause. Die Augen wieder öffnend.* Keine Spur!

HAMM Der Lump! Er existiert nicht!

CLOV Noch nicht.

NAGG Meine Praline!

HAMM Es gibt keine Pralinen mehr. Du wirst nie wieder eine Praline bekommen. *Pause.*

NAGG Es ist ja normal. Ich bin schließlich dein Vater. Wäre ich es nicht, so wäre es freilich ein anderer gewesen. Aber das ist keine Entschuldigung. *Pause.* Den türkischen Honig zum Beispiel, den es, wie wir wissen, nicht mehr gibt, mag ich lieber als alles auf der Welt. Und eines Tages werde ich dich darum bitten, als Gegenleistung für eine Gefälligkeit, und du wirst ihn mir versprechen. Man muß mit seiner Zeit leben. *Pause.* Wen riefst du, als du noch klein warst und Angst hattest, in der Nacht? Deine Mutter? Nein. Mich. Wir ließen dich schreien. Dann stellten wir dich weit weg, um schlafen zu können. *Pause.* Ich schlief soeben, ich fühlte mich wie ein Prinz, und du hast mich wecken lassen, damit ich dir zuhörte. Es war nicht unumgänglich, du hattest nicht unbedingt nötig, daß ich

dir zuhörte. Übrigens habe ich dir nicht zugehört. *Pause.*
Ich hoffe, daß der Tag kommt, an dem du unbedingt nötig hast, daß ich dir zuhöre, und nötig hast, meine Stimme
zu hören, irgendeine Stimme. *Pause.* Ja, ich hoffe, so
lange zu leben, daß ich dich mich rufen höre, wie einst, als
du noch klein warst und Angst hattest, in der Nacht, und
als ich deine einzige Hoffnung war. *Pause. Nagg klopft an
den Deckel von Nells Mülleimer. Pause.* Nell! *Pause. Er
klopft heftiger.* Nell! *Pause. Nagg zieht sich in seinen
Mülleimer zurück und klappt den Deckel zu. Pause.*

HAMM Das Fest ist jetzt zu Ende. *Er sucht tastend nach
dem Hund.* Der Hund ist weg.

CLOV Es ist kein echter Hund, er kann nicht weg.

HAMM *tastend* Er ist nicht da.

CLOV Er hat sich hingelegt.

HAMM Gib ihn her. *Clov hebt den Hund auf und gibt ihn
Hamm. Hamm hält ihn in seinen Armen. Pause. Hamm
wirft den Hund weg.* Mistvieh! *Clov beginnt, die Dinge
vom Boden aufzuheben.* Was machst du da?

CLOV *beim Aufheben* Ordnung. *Er richtet sich auf.
Schwungvoll.* Ich räume alles weg!
Er räumt weiter auf.

HAMM Ordnung!

CLOV *sich wieder aufrichtend* Ich liebe die Ordnung. Sie
ist mein Traum. Eine Welt, in der alles still und starr wäre
und jedes Ding seinen letzten Platz hätte, unterm letzten
Staub. *Er räumt weiter auf.*

HAMM *erbittert* Was schaffst du da eigentlich?

CLOV *richtet sich auf, leise* Ich versuche, etwas Ordnung
zu schaffen.

HAMM Laß das!
Clov läßt die Dinge, die er aufgehoben hat, fallen.

CLOV Warum auch nicht, da oder woanders. *Er geht zur
Tür.*

HAMM *gereizt* Was ist denn mit deinen Füßen los?

CLOV Mit meinen Füßen?

HAMM Es hört sich an wie ein Dragonerregiment.

CLOV Ich habe wohl meine Schnürstiefel angezogen.

HAMM Deine Schlappen taten dir weh?

Pause.

CLOV Ich verlasse dich.

HAMM Nein.

CLOV Wozu diene ich denn?

HAMM Mir die Replik zu geben. *Pause.* Ich bin mit meiner Geschichte vorangekommen. *Pause.* Ich bin gut vorangekommen. *Pause.* Frag mich, wie weit ich damit bin.

CLOV Oh, ehe ich's vergesse, deine Geschichte?

HAMM *sehr überrascht* Welche Geschichte?

CLOV Die du dir seit jeher erzählst.

HAMM Ah, du meinst meinen Roman?

CLOV Eben.

Pause.

HAMM *wütend* Bohr doch weiter, Menschenskind, bohr doch weiter!

CLOV Du bist gut vorangekommen, hoffe ich.

HAMM *bescheiden* Oh, nicht viel, nicht viel. *Er seufzt.* Es gibt solche Tage, an denen man nicht in Form ist. *Pause.* Man muß warten, bis es kommt. *Pause.* Nur nichts zwingen, nur nichts zwingen, dann geht's gar nicht. *Pause.* Ich bin nichtsdestoweniger ein wenig vorangekommen. *Pause.* Gelernt ist gelernt, nicht wahr? *Pause. Nachdrücklich.* Ich sagte, daß ich nichtsdestoweniger ein wenig vorangekommen bin.

CLOV *bewundernd* Na, so was! Du bist trotz allem ein wenig vorangekommen!

HAMM *bescheiden* Oh, weißt du, nicht viel, nicht viel, aber immerhin . . . besser als nichts.

CLOV Besser als nichts! Jetzt muß ich mich aber wundern!

HAMM Ich werde es dir erzählen. Er kommt auf dem Bauche kriechend . . .

CLOV Wer?

HAMM Was?

CLOV Wer, er?

HAMM Tu doch nicht so dumm! Noch einer.

CLOV Ach so, der! Ich war nicht sicher!

HAMM Auf dem Bauche kriechend, um Brot für seinen Kleinen zu flennen. Man bietet ihm eine Gärtnerstelle an. Ehe er . . . *Clov lacht.* Was gibt es denn da zu lachen?

CLOV Eine Gärtnerstelle!

HAMM Darüber mußt du so lachen?

CLOV Das muß es wohl sein.

HAMM Wäre es nicht eher das Brot?

CLOV Oder der Kleine?

Pause.

HAMM Das ist alles drollig, in der Tat. Sollen wir uns mal totlachen?

CLOV *nachdem er überlegt hat* Ich könnte mich heute nicht mehr totlachen.

HAMM *nachdem er überlegt hat* Ich auch nicht. *Pause.* Ich erzähle also weiter. Ehe er die Stelle dankbar annimmt, fragt er, ob er seinen Kleinen bei sich behalten dürfe.

CLOV Wie alt?

HAMM Oh, ganz klein.

CLOV Er wäre auf die Bäume geklettert.

HAMM Alle kleinen Arbeiten.

CLOV Und dann wäre er gewachsen.

HAMM Wahrscheinlich.

Pause.

CLOV Bohr doch weiter, Menschenskind, bohr doch weiter!

HAMM Das ist alles. Ich habe da aufgehört. *Pause.*

CLOV Weißt du schon, wie sie weitergeht?

HAMM Ungefähr.

CLOV Ist sie nicht bald zu Ende?

HAMM Ich fürchte ja.

CLOV Och, dann machst du eben eine andere.

HAMM Ich weiß nicht. *Pause.* Ich fühle mich etwas erschöpft. *Pause.* Die fortgesetzte schöpferische Bemü-
hung. *Pause.* Wenn ich mich bis ans Meer schleppen
könnte! Ich würde mir ein Kopfkissen aus Sand machen,
und die Flut würde kommen.

CLOV Es gibt keine Flut mehr. *Pause.*

HAMM Schau nach, ob sie tot ist.

*Clov geht zu Nells Mülleimer, hebt den Deckel an und
bückt sich. Pause.*

CLOV Es hat den Anschein.

*Er klappt den Deckel zu und richtet sich wieder auf.
Hamm hebt seine Kappe an. Pause. Er setzt sie wieder
auf.*

HAMM *ohne seine Kappe loszulassen* Und Nagg?

*Clov hebt den Deckel von Naggs Mülleimer an und bückt
sich. Pause.*

CLOV Es hat nicht den Anschein.

Er klappt den Deckel zu und richtet sich wieder auf.

HAMM *seine Kappe loslassend* Was macht er?

*Clov hebt den Deckel von Naggs Mülleimer an und bückt
sich. Pause.*

CLOV Er weint.

Clov klappt den Deckel zu und richtet sich auf.

HAMM Also lebt er. *Pause.* Hast du jemals einen glücklichen Moment gehabt?

CLOV Nicht, daß ich wüßte.

Pause.

HAMM Fahre mich unters Fenster. *Clov geht zum Sessel.*
Ich will das Licht auf meinem Gesicht spüren. *Clov
schiebt den Sessel.* Weißt du noch, am Anfang, wenn du

mich spazieren fuhrst, wie dumm du dich dabei anstelltest? Du drücktest zu weit oben. Bei jedem Schritt kipptest du mich beinahe um! Mit *zitternder Stimme*. Hehe! Wir haben viel Spaß gehabt, wir zwei, viel Spaß! *Trübsinnig*. Dann haben wir uns daran gewöhnt. *Clov hält den Sessel gegenüber dem rechten Fenster an*. Schon da? *Pause. Er wirft den Kopf in den Nacken. Pause*. Ist es Tag?

CLOV Es ist nicht Nacht.

HAMM *wütend* Ich frage dich, ob es Tag ist?

CLOV Ja. *Pause*.

HAMM Der Vorhang ist nicht zugezogen?

CLOV Nein.

Pause.

HAMM Welches Fenster ist es?

CLOV Die Erde.

HAMM Das wußte ich! *Wütend*. Von da kommt doch kein Licht! Das andere! *Clov schiebt den Sessel unter das andere Fenster*. Die Erde! *Clov hält den Sessel unter dem anderen Fenster an. Hamm legt seinen Kopf in den Nacken*. Das nenne ich Licht! *Pause*. Man möchte meinen, ein Sonnenstrahl. *Pause*. Nein?

CLOV Nein.

HAMM Ist das, was ich auf meinem Gesicht spüre, kein Sonnenstrahl?

CLOV Nein.

Pause.

HAMM Bin ich sehr weiß? *Pause. Heftig*. Ich frage dich, ob ich sehr weiß bin!

CLOV Nicht mehr als gewöhnlich.

Pause.

HAMM Öffne das Fenster.

CLOV Wozu?

HAMM Ich will das Meer hören.

CLOV Du würdest es nicht hören.

HAMM Selbst nicht, wenn du das Fenster öffnest?

CLOV Nein.

HAMM Es lohnt sich also nicht, es zu öffnen?

CLOV Nein.

HAMM *heftig* Also öffne es! *Clov steigt auf die Leiter und öffnet das Fenster. Pause.*
  Hast du es geöffnet?

CLOV Ja.
  Pause.

HAMM Du schwörst mir, daß du es geöffnet hast?

CLOV Ja.
  Pause.

HAMM So, so . . . *Pause.* Es muß sehr ruhig sein. *Pause. Heftig.* Ich frage dich, ob es sehr ruhig ist!

CLOV Ja.

HAMM Es gibt eben keine Schiffer mehr. *Pause.* Du bist plötzlich so mundfaul geworden. *Pause.* Ist dir nicht wohl?

CLOV Mir ist kalt.

HAMM Welchen Monat haben wir? *Pause.* Schließe das Fenster. Wir kehren wieder zurück. *Clov schließt das Fenster, steigt von der Leiter, schiebt den Sessel wieder an seinen Platz, bleibt hinterm Sessel stehen, er läßt den Kopf hängen.* Bleib nicht da stehen, du machst mir angst. *Clov kehrt an seinen Platz neben dem Sessel zurück.* Vater! *Pause. Lauter.* Vater! *Pause.* Schau nach, ob er es gehört hat.
  Clov geht zu Naggs Mülleimer, hebt den Deckel an und bückt sich darüber. Unverständliche Worte. Clov richtet sich wieder auf.

CLOV Ja.

HAMM Beide Male?
  Clov bückt sich. Unverständliche Worte. Clov richtet sich wieder auf.

CLOV Nur einmal.

HAMM Das erste oder das zweite?

Clov bückt sich. Unverständliche Worte. Clov richtet sich wieder auf.

CLOV Er weiß es nicht.

HAMM Es wird wohl das zweite Mal gewesen sein.

CLOV Man kann es nicht wissen.

Clov klappt den Deckel zu.

HAMM Weint er noch immer?

CLOV Nein.

HAMM Die armen Toten! *Pause.* Was macht er?

CLOV Er lutscht seinen Zwieback.

HAMM Das Leben geht weiter. *Clov kehrt an seinen Platz neben dem Sessel zurück.*

Gib mir ein Plaid, mich friert.

CLOV Es gibt keine Plaids mehr.

Pause.

HAMM Küß mich. *Pause.* Du willst mich nicht küssen?

CLOV Nein.

HAMM Auf die Stirn.

CLOV Ich will dich nirgendwohin küssen.

Pause.

HAMM *seine Hand reichend* Gib mir wenigstens die Hand. *Pause.* Du willst mir nicht die Hand geben?

CLOV Ich will dich nicht berühren.

Pause.

HAMM Gib mir den Hund. *Clov sucht den Hund.*

Nein, laß nur.

CLOV Du willst deinen Hund nicht?

HAMM Nein.

CLOV Also, ich verlasse dich.

HAMM *läßt den Kopf hängen, zerstreut* Ja, ja.

Clov geht zur Tür und dreht sich um.

CLOV Wenn ich diese Ratte nicht töte, wird sie sterben.

HAMM *desgleichen* Ja, ja. *Clov geht hinaus. Pause.* Ich bin
wieder dran. *Er nimmt sein Taschentuch heraus, faltet es
auseinander und hält es mit ausgestreckten Armen ausgebreitet vor sich.* Es geht voran. *Pause.* Man weint und
weint, um nichts, um nicht zu lachen, und nach und nach
... wird man wirklich traurig. *Er faltet sein Taschentuch
zusammen, steckt es wieder in seine Tasche und hebt den
Kopf ein wenig.* Alle, denen ich hätte helfen können.
Pause. Helfen! *Pause.* Die ich hätte retten können. *Pause.*
Retten! *Pause.* Sie krochen aus allen Ecken. *Pause. Heftig.* Überlegt euch doch, überlegt euch! Ihr seid auf der
Erde. Dagegen gibt es kein Mittel! *Pause.* Macht euch
weg und liebt und leckt einander! *Pause. Ruhiger.* Wenn
es kein Brot war, war es Lebkuchen. *Pause. Heftig.* Haut
ab, zurück zu euren Orgien! *Pause. Leise.* Dies alles, dies
alles! *Pause.* Nicht einmal einen echten Hund! *Ruhiger.*
Das Ende ist im Anfang, und doch macht man weiter.
Pause. Ich könnte vielleicht an meiner Geschichte weitermachen, sie beenden und eine andere anfangen. *Pause.*
Ich könnte mich vielleicht auf den Boden werfen. *Er richtet sich mühsam auf und läßt sich wieder zurückfallen.*
Meine Fingernägel in die Ritzen haken und mich mit Bra-
chialgewalt voranziehen. *Pause.* Es wird das Ende sein,
und ich werde mich fragen, durch was es wohl herbeige-
führt wurde, und ich werde mich fragen, durch was es
wohl ... *Er zögert* ... warum es so spät kommt. *Pause.*
Ich werde da sein, in dem alten Unterschlupf, allein gegen
die Stille und ... *er zögert* ... die Starre. Wenn ich
schweigen kann und ruhig bleiben, wird es aus sein mit
jedem Laut und jeder Regung. *Pause.* Ich werde meinen
Vater gerufen haben, und ich werde meinen ... meinen
Sohn gerufen haben. Sogar zweimal, dreimal, falls sie
nicht gehört hätten, beim ersten oder zweiten Mal. *Pause.*
Ich werde mir sagen: Er wird wiederkommen. *Pause.* Und

dann? *Pause.* Und dann? *Pause.* Er konnte nicht, er ist zu weit weggegangen. *Pause.* Und dann? *Pause. Sehr erregt.* Alle möglichen Phantasien! Einen, der auf mich lauert! Eine Ratte! Schritte! Augen! Der Atem, den man anhält, und dann . . . *Er atmet aus.* Dann sprechen, schnell, Wörter, wie das einsame Kind, das sich in mehrere spaltet, in zwei, drei, um beieinander zu sein, und miteinander zu flüstern, in der Nacht. *Pause.* Ein Augenblick kommt zum anderen, pluff, pluff, wie die Hirsekörnchen des . . . *er denkt nach* . . . jenes alten Griechen, und das ganze Leben wartet man darauf, daß ein Leben daraus werde. *Pause. Er will weitersprechen, gibt es aber auf. Pause.* Ah, soweit sein, soweit sein! *Er pfeift. Clov kommt mit dem Wecker in der Hand herein. Er bleibt neben dem Sessel stehen.* Sieh mal an! Weder fern noch tot?

CLOV Nur im Geiste.

HAMM Was denn?

CLOV Beides.

HAMM Fern wärest du tot.

CLOV Und umgekehrt.

HAMM *stolz* Fern von mir ist der Tod. *Pause.* Und die Ratte?

CLOV Hat sich gerettet.

HAMM Sie wird nicht weit kommen. *Pause.*
Ängstlich. Nicht wahr?

CLOV Sie braucht nicht weit zu kommen.
Pause.

HAMM Muß ich jetzt nicht mein Beruhigungsmittel einnehmen?

CLOV Doch.

HAMM Ah! Endlich! Her damit!

CLOV Es gibt kein Beruhigungsmittel mehr. *Pause.*

HAMM *entsetzt* Mein . . .! *Pause.* Kein Beruhigungsmittel mehr!

CLOV Kein Beruhigungsmittel mehr. Du wirst nie wieder ein Beruhigungsmittel bekommen. *Pause.*

HAMM Aber die kleine, runde Schachtel? Sie war doch voll!

CLOV Ja. Aber jetzt ist sie leer.

Pause. Clov beginnt im Zimmer herumzugehen. Er sucht einen Platz, um den Wecker hinzustellen.

HAMM *leise* Was soll ich nur machen? *Pause. Brüllend.* Was soll ich nur machen? *Clov wird das Gemälde gewahr, nimmt es vom Haken, stellt es, ohne es umzudrehen, auf den Boden und lehnt es an die Wand. Er hängt den Wecker an den Haken.* Was machst du?

CLOV Eine kleine Ehrenrunde. *Pause.*

HAMM Schau dir die Erde an.

CLOV Schon wieder?

HAMM Da sie dich lockt.

CLOV Hast du Halsweh? *Pause.* Möchtest du etwas Lakritze? *Pause.* Nein? *Pause.* Schade.

Er geht vor sich hinsummend zum rechten Fenster, bleibt davor stehen und betrachtet es mit dem Kopf im Nacken.

HAMM Nicht singen.

CLOV *sich Hamm zuwendend* Darf man nicht mehr singen?

HAMM Nein.

CLOV Wie soll das denn enden?

HAMM Möchtest du, daß es endet?

CLOV Ich möchte singen.

HAMM Ich könnte dich nicht daran hindern.

Pause. Clov wendet sich dem Fenster zu.

CLOV Was habe ich nur mit der Leiter gemacht? *Er schaut sich nach der Leiter um.* Hast du die Leiter nicht gesehen? *Er sucht und erblickt sie.* Aha, immerhin! *Er geht zum linken Fenster.* Manchmal frage ich mich, wo ich meinen Kopf habe. Dann geht es vorüber, und ich werde wieder klar. *Er steigt auf die Leiter und schaut aus dem Fenster.*

Schweinerei! Sie ist überschwemmt! *Er schaut.* Wie ist das nur möglich? *Er streckt den Kopf vor und schirmt die Augen mit der Hand ab.* Es hat doch nicht geregnet. *Er wischt die Scheibe und schaut. Pause. Er schlägt sich an die Stirn.* Ich Dummkopf! Ich bin ja auf der falschen Seite! *Er steigt von der Leiter und geht ein paar Schritte auf das rechte Fenster zu.* Überschwemmt! *Er geht wieder zurück, um die Leiter zu holen.* Ich Dummkopf! *Er zieht die Leiter hinter sich her ans rechte Fenster.* Manchmal frage ich mich, wo ich meine Sinne habe. Dann geht es vorüber, und ich werde wieder vernünftig. *Er stellt die Leiter unterm rechten Fenster hin, steigt hinauf und schaut aus dem Fenster. Er wendet sich Hamm zu.* Gibt es Sektoren, die dich besonders interessieren? *Pause.* Oder bloß alles?

HAMM *schwächlich* Alles.

CLOV Der allgemeine Eindruck? *Pause. Er wendet sich wieder dem Fenster zu.* Moment mal! *Er schaut.*

HAMM Clov!

CLOV *vertieft* Hmm.

HAMM Weißt du was?

CLOV *desgleichen* Hmm.

HAMM Ich bin nie dagewesen. *Pause.* Clov!

CLOV *sich Hamm zuwendend, aufgebracht* Was ist denn?

HAMM Ich bin nie dagewesen.

CLOV Du hast Schwein gehabt.

   Er wendet sich wieder dem Fenster zu.

HAMM Abwesend, immer. Alles ist ohne mich vorgegangen. Ich weiß nicht, was geschehen ist. *Pause.* Weißt du, was geschehen ist? *Pause.* Clov!

CLOV *sich Hamm zuwendend, aufgebracht* Soll ich diesen Dreck anschauen, ja oder nein?

HAMM Erst antworten.

CLOV Was?

HAMM Weißt du, was geschehen ist?

CLOV Wo? Wann?

HAMM *heftig* Wann! Was geschehen ist! Verstehst du nicht? Was ist geschehen?

CLOV Das ist doch ganz wurscht!
Er wendet sich wieder dem Fenster zu.

HAMM Ich weiß es nicht.
Pause. Clov wendet sich Hamm zu.

CLOV *hart* Als die Mutter Pegg dich um Öl bat für ihre Lampe, und du sie zum Teufel schicktest, da wußtest du doch, was geschah, nicht? *Pause.* Weißt du, woran sie gestorben ist, die Mutter Pegg? An der Dunkelheit.

HAMM *schwächlich* Ich hatte kein Öl.

CLOV *hart* Doch, du hattest Öl!
Pause.

HAMM Hast du das Fernglas?

CLOV Nein. Es ist so nahe genug.

HAMM Hole es.
Pause. Clov hebt die Augen zum Himmel und die Arme in die Luft, mit geballten Fäusten. Er verliert das Gleichgewicht und klammert sich an die Leiter. Er steigt ein paar Stufen hinab und bleibt stehen.

CLOV Es gibt etwas, das ich nicht begreifen kann. *Pause. Er steigt hinab bis auf den Boden und bleibt stehen.* Warum gehorche ich dir immer? Kannst du mir das erklären?

HAMM Nein ... Es ist vielleicht Mitleid. *Pause.* Eine Art großes Mitleid. *Pause.* Oh, du wirst es schwer haben, du wirst es schwer haben. *Pause. Clov beginnt im Zimmer herumzugehen. Er sucht das Fernglas.*

CLOV Ich habe unsere Geschichten satt, sehr satt. *Er sucht.* Sitzt du nicht darauf?
Er verschiebt den Sessel, schaut auf dem Platz nach, wo er gestanden hat, und sucht weiter.

HAMM *ängstlich* Laß mich nicht hier stehen! *Clov schiebt*

den Sessel jähzornig wieder an seinen Platz und sucht
weiter. Schwächlich. Bin ich genau in der Mitte?

CLOV Man müßte ein Mikroskop haben, um dieses . . . *Er*
erblickt das Fernglas. Ah! Immerhin. Er hebt das Fern-
glas auf, geht zur Leiter, steigt hinauf und richtet das
Fernglas nach draußen.

HAMM Gib mir den Hund.

CLOV *schauend* Sei still.

HAMM *lauter* Gib mir den Hund!

Clov läßt das Fernglas fallen und nimmt den Kopf in
beide Hände. Pause. Er steigt schnell von der Leiter, sucht
den Hund, findet ihn, hebt ihn auf, stürzt sich auf Hamm
und versetzt ihm mit dem Hund einen heftigen Schlag auf
den Schädel.

CLOV Da hast du deinen Hund!

Der Hund fällt auf den Boden. Pause.

HAMM Er hat mich geschlagen.

CLOV Du machst mich wütend, ich bin wütend!

HAMM Wenn du mich schon schlagen mußt, schlag mich
dann mit dem Hammer. *Pause.* Oder mit dem Haken, ja,
schlag mich mit dem Haken. Nicht mit dem Hund. Mit
dem Haken. Oder mit dem Hammer.

Clov hebt den Hund auf und gibt ihn Hamm, der ihn in
seine Arme nimmt.

CLOV *flehend* Laß uns aufhören zu spielen!

HAMM Nie! *Pause.* Leg mich in meinen Sarg.

CLOV Es gibt keine Särge mehr.

HAMM Also Schluß damit! Es soll enden! *Clov geht zur Lei-*
ter. Heftig. Und zwar ruckzuck! *Clov steigt auf die Leiter,*
hält an, steigt hinab, sucht das Fernglas, hebt es auf, steigt
wieder auf die Leiter, setzt das Fernglas an. An der Dunkelheit! Und ich? Hat man mir jemals verziehen, mir?

CLOV *das Fernglas absetzend und sich Hamm zuwendend*
Was? *Pause.* Geht das gegen mich?

HAMM *zornig* Ein Beiseite, du Trottel! Ist es das erste Mal, daß du ein Beiseite hörst? *Pause.* Ich rüste mich zum letzten Monolog.

CLOV Laß dir gesagt sein, daß ich diesen Dreck anschaue, weil du es befiehlst. Aber es ist bestimmt das letzte Mal. *Er setzt das Fernglas an.* Mal sehen ... *Er schwenkt das Fernglas hin und her.* Nichts ... nichts ... gut ... sehr gut ... nichts ... ausge – *Er zuckt zusammen, läßt das Fernglas sinken, prüft es und setzt es wieder an. Pause.* Oh je, oh je, oh je.

HAMM Schon wieder Komplikationen! Wenn es nur nicht wieder losgeht!

CLOV *erschrocken* Sieht aus wie ein Knabe.

HAMM *spöttisch* Ein Knabe!

CLOV Ich werde mal nachsehen. *Er steigt von der Leiter, wirft das Fernglas weg, geht zur Tür und bleibt stehen.* Ich nehme den Haken. *Er sucht den Bootshaken, findet ihn, hebt ihn auf und geht zur Tür.*

HAMM Laß nur.

Clov bleibt stehen.

CLOV Laß nur? Ein potentieller Erzeuger?

HAMM Wenn er existiert, kommt er hierher, oder er stirbt dort. Und wenn er nicht existiert ... Laß nur.

Pause.

CLOV Du glaubst mir nicht? Du glaubst, daß ich schwindele?

Pause.

HAMM Es ist zu Ende, Clov, wir sind am Ende. Ich brauche dich nicht mehr. *Pause.*

CLOV Das trifft sich gut.

Er geht zur Tür.

HAMM Laß mir den Haken.

Clov gibt ihm den Bootshaken, geht zur Tür, bleibt stehen, schaut nach dem Wecker, hängt ihn ab, schaut sich

nach einem besseren Platz um, geht zu den Mülleimern,
stellt den Wecker auf Nells Mülleimer und kehrt an sei-
nen Platz neben dem Sessel zurück. Pause.

CLOV Ich verlasse dich.

Pause.

HAMM Sag noch etwas, vorm Weggehen.

CLOV Es ist nichts zu sagen.

HAMM Ein paar Worte . . . über die ich nachsinnen könnte
. . . in meinem Herzen.

CLOV Deinem Herzen.

HAMM Ja. *Pause. Nachdrücklich.* Ja! *Pause.* Mit dem Rest,
am Ende, den Schatten, dem Gemurmel, all dem Übel,
zum Schluß. *Pause.* Clov . . . *Pause.* Er hat nie zu mir gesprochen. Aber am Ende, vorm Weggehen, hat er ungebe-
ten zu mir gesprochen. Er sagte mir . . .

CLOV *niedergeschlagen* Ah . . . !

HAMM Irgend etwas . . . aus deinem Herzen.

CLOV Meinem Herzen!

HAMM Ein paar Worte . . . aus deinem Herzen.

CLOV *mit starrem Blick und tonloser Stimme* Man sagte
mir: Ja, das ist Liebe, doch, doch, glaub es nur, du siehst
schon, wie leicht es ist! Man sagte mir: Ja, das ist Freund-
schaft, doch, doch, ganz bestimmt, du brauchst nicht
weiter zu suchen. Man sagte mir: Hier, bleib stehn, Kopf
hoch, schau dir diese Herrlichkeit an. Diese Ordnung!
Man sagte mir: Nur zu, du bist doch kein Tier, bedenke
diese Dinge, und du wirst schon sehen, wie klar alles
wird. Wie einfach! Man sagte mir: Sieh doch, mit welcher
Kunst sie gepflegt werden, all diese tödlich Verletzten.
Pause. Ich sage mir . . . manchmal, Clov, du mußt noch
besser leiden lernen, wenn du willst, daß man es satt
kriegt, dich zu strafen . . . eines Tages. Ich sage mir . . .
manchmal, Clov, du mußt noch besser da sein, wenn du
willst, daß man dich gehen läßt . . . eines Tages. Aber ich

fühle mich zu alt und zu weit weg, um neue Gewohnhei-
ten annehmen zu können. Gut, es wird also nie enden, ich
werde also nie gehen. *Pause.* Dann, eines Tages, plötzlich,
endet es, ändert es sich, ich verstehe es nicht, stirbt es . . .
oder bin ich es, ich verstehe es nicht, auch das nicht. Ich
frage es die Wörter, die übrigbleiben – Schlafen, Wachen,
Abend, Morgen. Sie können nichts sagen. *Pause.* Ich
öffne die Tür der Zelle und gehe. Ich gehe so gebeugt, daß
ich nur meine Füße sehe, wenn ich die Augen öffne, und
zwischen meinen Beinen ein wenig schwärzlichen Staub.
Ich sage mir, daß die Erde erloschen ist, obgleich ich sie
nie glühen sah. *Pause.* Es geht von selbst. *Pause.* Wenn ich
falle, werde ich weinen . . . vor Glück.
Pause. Er geht zur Tür.

HAMM Clov! *Clov bleibt stehen, ohne sich umzudrehen.
Pause.* Nichts. *Clov geht weiter.* Clov! *Clov bleibt stehen,
ohne sich umzudrehen.*

CLOV Das nennen wir abtreten.

HAMM Ich entlasse dich, Clov.

CLOV *sich umdrehend, lebhaft* Moment mal bitte, ich entlasse dich.

HAMM Wir entlassen einander. *Pause. Clov geht zur Tür.*
Noch etwas. *Clov bleibt stehen.* Eine allerletzte Gnade.
Clov geht. Verstecke mich unter dem Tuch. *Eine lange
Pause.* Nein? Gut. *Pause.* Also, ich bin dran. *Pause.* Jetzt
spiele ich. *Pause. Müde.* Altes, von jeher verlorenes Endspiel, Schluß damit, nicht mehr verlieren. *Pause. Belebter.*
Mal sehen. *Pause.* Ach ja! *Er versucht, den Sessel mit
Hilfe des Bootshakens zu verschieben. Unterdessen
kommt Clov herein. Panamahut, Tweedrock, hellgelbe
Handschuhe, Regenmantel überm Arm, Schirm und Koffer. In der Nähe der Tür bleibt Clov regungslos und teil-
nahmslos mit auf Hamm gerichtetem Blick bis zum Ende
stehen. Hamm gibt das Staken auf.* Gut. *Pause.* Wegwer-

fen. *Er wirft den Bootshaken weg, will den Hund wegwerfen, besinnt sich anders.* Halt, Vorsicht, nicht so
schnell! Noch nicht. *Pause.* Und nun? *Pause.* Abnehmen.
Er nimmt seine Kappe ab. Friede unsern ... Ärschen!
Pause. Und wieder aufsetzen. *Er setzt seine Kappe wieder
auf.* Null zu null. *Pause. Er nimmt seine Brille ab.* Putzen.
*Er zieht sein Taschentuch heraus und putzt damit, ohne
es auseinanderzufalten, seine Brille.* Und wieder aufsetzen. *Er steckt sein Taschentuch wieder in die Tasche und
setzt die Brille wieder auf.* Es kommt. Noch ein paar Albernheiten wie diese und ich rufe. *Pause.* Ein bißchen
Poesie. *Pause.* Du riefest nach ... *Pause. Er verbessert
sich.* Du flehtest nach der Nacht; sie kommt ... *Pause.
Er verbessert sich.* Sie naht: sie ist schon da. *Er wiederholt es mit singendem Ton.* Du flehtest nach der Nacht;
sie naht: sie ist schon da. *Pause.* Schöne Stelle. *Pause.* Und
nun? *Pause.* Augenblicke gleich null, immer gleich null
und die doch zählen, damit die Rechnung aufgeht und die
Geschichte endet. *Pause. Erzählerton.* Ob er seinen Kleinen bei sich behalten dürfe ... *Pause.* Das war der Augenblick, auf den ich wartete. *Pause.* Sie wollen ihn nicht verlassen? Sie wollen, daß er blühe, während Sie, während
Sie welken? *Pause.* Sie wollen, daß er Ihnen die hundert-
tausend letzten Viertelstündchen versüßt? *Pause.* Er hat
ja keine Ahnung, er kennt nur den Hunger, die Kälte und
den Tod am Ende. Aber Sie! Sie müssen doch wissen, was
das ist, die Erde, jetzt. *Pause.* Oh, ich habe ihm seine Ver-
antwortung vor Augen geführt! *Pause. Normaler Ton.*
Also gut, es ist soweit, es reicht. *Er hebt die Signalpfeife
an, zögert und läßt sie los. Pause.* Ja, wirklich! *Er pfeift.
Pause. Lauter. Pause.* Gut. *Pause.* Vater! *Pause. Lauter.*
Vater! *Pause.* Gut. *Pause.* Es kommt. *Pause.* Und zum
Schluß? *Pause.* Wegwerfen. *Er wirft den Hund weg. Er
reißt die Signalpfeife ab.* Bitte! *Er wirft die Signalpfeife*

nach vorn. Pause. Er schnauft. Leise. Clov! *Pause.* Clov!
Pause. Nein? Gut. *Er zieht sein Taschentuch heraus.* Da
es so gespielt wird . . . *er faltet das Taschentuch auseinander* . . . spielen wir es eben so . . . *er faltet das Taschentuch
auseinander* . . . und sprechen wir nicht mehr darüber . . .
er hat das Taschentuch auseinandergefaltet . . . sprechen
wir nicht mehr. *Er hält das Taschentuch mit ausgestreckten Armen ausgebreitet vor sich.* Altes Linnen! *Pause.*
Dich behalte ich. *Pause. Er nähert das Taschentuch seinem Gesicht, bedeckt sein Gesicht mit dem Taschentuch,
läßt die Arme auf die Armlehnen sinken und bewegt sich
nicht mehr.*

Glückliche Tage

Stück in zwei Akten

Originaltitel: ›Happy Days‹
Aus dem Englischen von Erika und Elmar Tophoven

Personen: Winnie, *eine Frau um die Fünfzig* · Willie, *ein Mann um die Sechzig*

Erster Akt

*Weite versengte Grasebene, die sich in der Mitte zu einem
kleinen Hügel erhebt. Hänge, die nach vorn und beiden
Bühnenseiten sanft, nach hinten steiler bis zum Bühnen-
boden abfallen. Größte Einfachheit und Symmetrie.
Grelles Licht.
Auf dem Prospekt sehr kitschige naturgetreue Darstellung
einer ununterbrochenen Ebene und eines ununterbrochenen Himmels, die sich in weiter Ferne treffen.
Genau in der Mitte des Hügels ist Winnie bis über die Taille
eingebettet. Sie ist um die fünfzig, gut erhalten, wenn möglich blond, fett, bloße Arme und Schultern, niedriges Mieder, vollbusig, Perlenkette. Man sieht sie am Anfang schla-
fend, ihre Arme vor ihr auf dem Boden, ihren Kopf auf ihren
Armen. Zu ihrer Linken, neben ihr auf dem Boden, ein großer schwarzer Ledersack, eine Art Einkaufstasche, und zu
ihrer Rechten ein zusammenklappbarer zusammengeklapp-
ter Sonnenschirm, dessen gebogener Griff aus der Hülle
ragt.
Rechts hinter ihr liegt, vom Hügel verdeckt, Willie auf dem
Boden und schläft.
Lange Pause. Es klingelt schrill, etwa zehn Sekunden, es
hört auf zu klingeln. Sie rührt sich nicht. Pause. Es klingelt
schriller, etwa fünf Sekunden. Sie erwacht. Es hört auf zu
klingeln. Sie hebt den Kopf, starrt geradeaus. Lange Pause.
Sie strafft sich, legt ihre Hände platt auf den Boden, wirft
den Kopf zurück und starrt zum Zenit. Lange Pause.*

WINNIE *zum Zenit starrend* Wieder ein himmlischer Tag.
   *Pause. Kopf wieder gerade. Blick geradeaus. Pause. Faltet
   Hände vor der Brust, schließt Augen. Lippen bewegen
   sich zu unhörbarem Gebet, etwa zehn Sekunden. Lippen*

bewegen sich nicht mehr. Hände bleiben gefaltet. Leise.
Um Jesu Christi willen, Amen. *Augen öffnen sich, Hände*
lösen sich und kehren zum Hügel zurück. Pause. Sie faltet
Hände wieder vor der Brust, schließt Augen, Lippen be-
wegen sich wieder zu unhörbarem Nachsatz, etwa fünf
Sekunden. Leise. In alle Ewigkeit, Amen. *Augen öffnen*
sich, Hände lösen sich und kehren wieder zum Hügel zu-
rück. Pause. Beginne, Winnie. *Pause.* Beginne deinen Tag,
Winnie. *Pause. Sie dreht sich zum Sack, kramt darin*
herum, ohne ihn von seinem Platz zu rücken, holt eine
Zahnbürste hervor, kramt weiter, holt eine plattgedrückte
Tube Zahnpasta hervor, wendet sich wieder nach vorn,
schraubt den Tubenverschluß ab, legt den Verschluß auf
den Boden, preßt mit Mühe einen kleinen Klecks Zahn-
pasta auf die Bürste, hält Tube in einer Hand und bürstet
sich die Zähne mit der anderen. Dreht sich sittsam zur
Seite nach rechts hinten, um hinter den Hügel zu spucken.
In dieser Haltung verweilen ihre Augen auf Willie. Sie
spuckt aus. Reckt sich ein wenig weiter nach hinten un-
ten. Laut. Hu-huu! *Pause. Lauter.* Hu-huu! *Pause. Zärtli-*
ches Lächeln, als sie sich wieder nach vorn wendet, legt
Bürste hin. Armer Willie – *mustert Tube, Lächeln ver-*
schwindet – geht zu Ende – *sucht nach dem Schraubver-*
schluß – na ja – *findet Verschluß* – nicht zu ändern –
schraubt Verschluß auf Tube – halt eins von den alten
Dingen – *legt Tube hin* – noch eins von den alten Dingen –
dreht sich zum Sack – halt nichts dran zu ändern – *kramt*
im Sack – gar nichts dran zu ändern – *holt einen kleinen*
Spiegel hervor, wendet sich wieder nach vorn – nun ja –
besichtigt Zähne im Spiegel – armer lieber Willie – *prüft*
mit Daumenkuppe die oberen Vorderzähne, undeutlich –
mein Gott! – *zieht Oberlippe hoch, um das Zahnfleisch*
zu mustern, dito – großer Gott! – *zieht Mundwinkel zu-*
rück, macht Mund auf, dito – na ja – *anderen Mundwin-*

kel, dito – keine Verschlimmerung – *hört mit der Besichtigung auf, normal sprechend* – keine Besserung, keine Verschlimmerung – *legt Spiegel hin* – keine Veränderung –
wischt sich die Finger am Gras – keine Schmerzen – *sucht
Zahnbürste* – fast keine – *nimmt Zahnbürste* – das ist die
Hauptsache – *mustert Bürstengriff* – da geht nichts drüber – *mustert Griff, liest* – reine . . . was? – *Pause* – Was? –
legt Bürste hin – Ach ja – *dreht sich zum Sack* – armer
Willie – *kramt im Sack* – keinen Mumm – *kramt* – zu
nichts Lust – *holt ein Brillenetui hervor* – kein Interesse –
wendet sich wieder nach vorn – am Leben – *nimmt Brille
aus dem Etui* – armer lieber Willie – *legt Etui hin* – ewig
schlafen – *klappt Brillengestell auseinander* – wunderbare Gabe – *setzt Brille auf* – da reicht nichts ran – *sucht
nach Zahnbürste* – meiner Meinung nach – *nimmt Zahnbürste* – hab's immer gesagt – *mustert Bürstengriff* –
wollte, ich hätte sie – *mustert Griff, liest* – echte . . . reine
. . . was? – *legt Bürste hin* – bald blind – *setzt Brille ab* –
na ja – *legt Brille hin* – genug gesehen – *sucht im Mieder
nach einem Taschentuch* – nehme ich an – *nimmt zusam-
mengefaltetes Taschentuch heraus* – allmählich – *schüttelt Taschentuch* – wie lauten noch die wundervollen Zeilen – *wischt sich ein Auge* – weh' mir, wehe – *wischt sich
das andere Auge* – daß ich sehe, was ich sehe – *sucht nach
Brille* – nun ja – *nimmt Brille* – würde es nicht missen –
beginnt Brille zu putzen und Gläser zu behauchen – oder
doch? – *putzt* – heilig Licht – *putzt* – tauch' aus dem Dun-
kel auf – *putzt* – Flamme höllischen Lichts. *Hört auf zu
putzen, hebt Kopf zum Himmel, Pause, richtet ihn wieder
gerade, beginnt wieder zu putzen, hört auf zu putzen,
reckt sich nach rechts hinten unten.* Hu-huu! *Pause. Zärt-
liches Lächeln, als sie sich wieder nach vorn wendet und
wieder zu putzen beginnt. Lächeln verschwindet.* Wunderbare Gabe – *hört auf zu putzen, legt Brille hin* –

wollte, ich hätte sie – *faltet Taschentuch zusammen* – na
ja – *steckt Taschentuch wieder ins Mieder* – kann nicht klagen – *sucht nach Brille* – nein nein – *nimmt Brille* – darf
nicht klagen – *hält Brille hoch, guckt durch ein Glas* – so
viel Grund, dankbar zu sein – *guckt durch das andere
Glas* – keine Schmerzen – *setzt Brille auf* – fast keine –
sucht nach Zahnbürste – das ist das Wundervolle – *nimmt
Zahnbürste* – da geht nichts drüber – *mustert Bürstengriff* – leichtes Kopfweh dann und wann – *mustert Griff,
liest* – garantiert .. echte .. reine . . . was? – *sieht genauer
hin* – echte reine . . . – *nimmt Taschentuch aus ihrem Mieder* – nun ja – *schüttelt Taschentuch* – gelegentlich gelinde
Migräne – *beginnt Bürstengriff zu wischen* – sie kommt –
wischt – und geht – *mechanisch wischend* – ach ja – *wischend* – viele Gnaden – *wischend* – große Gnaden – *hört
auf zu wischen, starrer, verlorener Blick, stockend* – vielleicht nicht umsonst, das Beten – *Pause, dito* – morgens –
Pause, dito – abends – *senkt Kopf, beginnt wieder zu wischen, hört auf zu wischen, hebt Kopf beruhigt, wischt
sich die Augen, faltet Taschentuch zusammen, steckt es
wieder ins Mieder, mustert Bürstengriff, liest* – voll garantierte . . . echte reine . . . – *sieht genauer hin* – echte reine
. . . *setzt Brille ab, legt sie und Bürste hin, starrt geradeaus*. Alte Dinge. *Pause*. Alte Augen. *Lange Pause*. Weiter,
Winnie. *Sie sieht um sich, erblickt Sonnenschirm, betrachtet ihn eine Weile, nimmt ihn in die Hand und zieht
einen überraschend langen Griff aus der Hülle. Die Spitze
des Sonnenschirms in der rechten Hand, reckt sie sich
nach rechts hinten unten, um sich über Willie zu beugen*. Hu-huu! *Pause*. Willie! *Pause*. Wunderbare Gabe.
Schlägt mit Sonnenschirmgriff nach ihm. Wollte, ich
hätte sie. *Schlägt wieder. Sonnenschirm gleitet ihr aus der
Hand und fällt hinter den Hügel. Er wird ihr sofort von
Willies unsichtbarer Hand zurückgereicht*. Danke, mein

Lieber. *Sie gibt Sonnenschirm in die linke Hand, wendet sich wieder nach vorn und mustert ihre rechte Handfläche.* Feucht. *Gibt Sonnenschirm wieder in die rechte Hand, mustert linke Handfläche.* Na ja, keine Verschlimmerung. *Hebt Kopf, fröhlich.* Keine Besserung, keine Verschlimmerung, keine Veränderung. *Pause, dito.* Keine Schmerzen. *Reckt sich nach hinten, um nach Willie zu sehen, wobei sie Sonnenschirm wie zuvor am spitzen Ende festhält.* Schlaf' mir jetzt bitte nicht wieder ein, mein Lieber, ich könnte dich brauchen. *Pause.* Es eilt nicht, es eilt nicht, penn' mir nur nicht wieder ein. *Wendet sich wieder nach vorn, legt Sonnenschirm hin, mustert ihre beiden Handflächen, wischt sie sich am Gras.* Vielleicht doch nicht ganz auf dem Damm. *Dreht sich zum Sack, kramt darin herum, holt einen Revolver hervor, hält ihn hoch, küßt ihn schnell, steckt ihn wieder hinein, kramt, holt eine beinahe leere Flasche mit einer roten Arznei hervor, wendet sich wieder nach vorn, sucht nach Brille, setzt sie auf, liest Flaschenschild.* Bei Lustlosigkeit ... Schwunglosigkeit ... Appetitlosigkeit ... Säuglinge ... Kinder ... Erwachsene ... sechs gestrichene ... Eßlöffel voll ... täglich – *hebt Kopf, lächelt* – der alte Stil! – *Lächeln verschwindet, senkt Kopf, liest* – täglich ... vor und nach ... Mahlzeiten ... prompte ... *sieht genauer hin* ... Besserung. *Setzt Brille ab, legt sie hin, hält Flasche mit ausgestrecktem Arm hoch, um zu sehen, wieviel noch drin ist, schraubt Verschluß ab, trinkt sie mit weit zurückgeworfenem Kopf leer und schleudert Verschlußkappe und Flasche in Willies Richtung. Geräusch zerbrechenden Glases.* Ah, so geht's besser! *Dreht sich wieder zum Sack, kramt darin herum, holt einen Lippenstift hervor, wendet sich wieder nach vorn, mustert Lippenstift.* Geht zu Ende. *Sucht nach Brille.* Na ja. *Setzt Brille auf, sucht nach Spiegel.* Darf nicht klagen. *Hält Spiegel hoch und beginnt*

sich die Lippen zu schminken. Wie lautet noch die wundervolle Zeile? *Schminkt sich.* Oh, flücht'ge Freuden –
schminkt sich – oh, hm-hm währendes Weh. *Schminkt
sich, wird durch Willie, der sich setzt, abgelenkt und
unterbrochen. Läßt Lippenstift und Spiegel sinken und
reckt sich nach hinten unten, um nach ihm zu schauen.
Pause. Der obere Teil von Willies kahlem, blutbeflecktem
Hinterkopf erscheint überm Hang und bleibt sichtbar.
Winnie schiebt Brille hoch. Pause. Seine Hand erscheint
mit dem Taschentuch, breitet es über seinen Schädel, verschwindet. Pause. Hand erscheint mit steifem, mit Ver-
einsband geschmücktem Strohhut, setzt ihn schief auf
den Kopf, verschwindet. Pause. Winnie reckt sich noch
ein wenig weiter nach hinten unten.* Zieh' dir deine Un-
terhosen an, mein Lieber, bevor du dich versengst. *Pause.*
Nein? *Pause.* Ach so, du hast immer noch etwas von dem
Zeug. *Pause.* Reib' es gut ein, mein Lieber. *Pause.* Nun
den anderen. *Pause. Sie wendet sich wieder nach vorn,
starrt vor sich hin. Glücklicher Gesichtausdruck.* Oh, es
wird wieder ein glücklicher Tag werden. *Pause. Glücklicher Gesichtsausdruck verschwindet. Sie schiebt Brille
wieder hinunter und beginnt wieder Lippen zu schminken. Willie schlägt eine Zeitung auf, Hände unsichtbar.
Die oberen Ränder gelber Blätter erscheinen zu beiden
Seiten seines Kopfes. Winnie beendet ihr Schminken, besichtigt Lippen im Spiegel, den sie ein wenig weiter weg
hält.* Fahnenpurpur! *Willie blättert um, Winnie legt Lippenstift und Spiegel weg, dreht sich zum Sack.* Bleiches
Banner.
*Willie blättert um. Winnie kramt im Sack, holt einen klei-
nen schmucken, randlosen Hut mit zerdrückter Feder
hervor, wendet sich wieder nach vorn, zieht Hut zurecht,
streicht Feder glatt, will ihn aufsetzen, hält in der Bewegung inne, als Willie liest.*

WILLIE Gnädiger hochwürdiger Vater in Gott Dr. Carolus Hunter tot in Badewanne.

Pause.

WINNIE *mit Hut in der Hand vor sich hinstarrend, sich laut und lebhaft erinnernd* Charlie Hunter! *Pause.* Ich schließe meine Augen – *setzt Brille ab und tut es, in der einen Hand den Hut, die Brille in der anderen, Willie blättert um* – und sitze wieder auf seinen Knien, im Hintergarten in Liverpool unter der Hornbuche. *Pause. Öffnet Augen, setzt Brille auf, spielt mit Hut.* Oh, die glücklichen Erinnerungen!

Pause. Will Hut aufsetzen, hält in der Bewegung inne, als Willie liest.

WILLIE Chance für fixen Jungen.

Pause. Sie will Hut aufsetzen, hält in der Bewegung inne, setzt Brille ab, starrt, mit Hut in der einen Hand und Brille in der anderen, vor sich hin.

WINNIE Mein erster Ball! *Lange Pause.* Mein zweiter Ball! *Lange Pause. Schließt Augen.* Mein erster Kuß! *Pause. Willie blättert um. Winnie öffnet Augen.* Ein Mister Johnson, oder Johnston, oder vielleicht sogar Johnstone. Schöner, buschiger Schnurrbart, ganz fuchsig. *Ehrfurchtsvoll.* Fast karottenrot. *Pause.* Im Innern eines Geräteschuppens, obgleich ich mir nicht vorstellen kann, in wessen. Wir hatten keinen Geräteschuppen, und er hatte ganz bestimmt keinen Geräteschuppen. *Schließt Augen.* Ich sehe die übereinandergestülpten Blumentöpfe. *Pause.* Die wirren Bastsstränge. *Pause.* Die zwischen den Dachsparren dunkelnden Schatten.

Pause. Öffnet Augen, setzt Brille auf, will Hut aufsetzen, hält in der Bewegung inne, als Willie liest.

WILLIE Heller Knabe gesucht.

Pause. Winnie setzt hastig Hut auf, sucht nach Spiegel. Willie blättert um. Winnie nimmt Spiegel, besichtigt Hut, legt Spiegel hin, dreht sich zum Sack. Zeitung verschwindet. Winnie kramt im Sack, holt ein Vergrößerungsglas hervor, wendet sich wieder nach vorn, sucht nach Zahnbürste. Zeitung erscheint wieder, zusammengefaltet, beginnt Willies Gesicht zu fächeln, Hand unsichtbar. Winnie nimmt Zahnbürste und mustert Griff durch Lupe.

WINNIE Voll garantierte ... *Willie hört auf zu fächeln* ... echte reine ... *Pause. Willie fächelt wieder. Winnie sieht genauer hin, liest.* Voll garantierte ... *Willie hört auf zu fächeln* ... echte reine ... *Pause. Willie fächelt wieder. Winnie legt Lupe und Bürste hin, nimmt Taschentuch aus ihrem Mieder, nimmt Brille ab und putzt sie, setzt Brille auf, sucht nach Lupe, nimmt sie und putzt sie, legt Lupe hin, sucht nach Bürste, nimmt Bürste und wischt Griff, legt Bürste hin, steckt Taschentuch wieder ins Mieder, sucht nach Lupe, nimmt Lupe, sucht nach Bürste, nimmt Bürste und mustert Griff durch Lupe.* Voll garantierte ... *Willie hört auf zu fächeln* ... echte reine ... *Pause. Willie fächelt wieder* ... Barch ... *Willie hört auf zu fächeln. Pause* ... borsten. *Pause. Winnie legt Lupe und Bürste hin, Zeitung verschwindet, Winnie nimmt Brille ab, legt sie hin, starrt geradeaus.* Barchborsten. *Pause.* Das eben finde ich so wundervoll, daß kein Tag vergeht – *Lächeln* – um im alten Stil zu sprechen – *Lächeln verschwindet* – kaum ein Tag, ohne irgendein Anwachsen des Wissens, so gering es auch sein mag, ich meine das Anwachsen, vorausgesetzt, daß man sich darum bemüht. *Willies Hand erscheint mit einer Postkarte, die er dicht vor den Augen mustert.* Und wenn aus irgendeinem dunklen Grund kein Bemühen mehr möglich ist, nun dann ganz einfach die Augen schließen – *schließt Augen* – und darauf warten, daß der Tag kommt – *öffnet Augen* – der glückliche Tag, an dem das Fleisch bei soundsoviel Grad schmilzt und die Nacht des Mondes soundsoviel hundert

Stunden dauert. *Pause.* Das eben finde ich so tröstlich,
wenn ich mutlos werde und das wilde Tier beneide. *Sich
zu Willie wendend.* Ich hoffe, du nimmst in dich auf,
was – *sieht Postkarte, neigt sich tiefer.* Was hast du da,
Willie, darf ich mal sehen? *Streckt ihre Hand hinunter,
Willie reicht ihr die Karte. Der behaarte Vorderarm erscheint überm Hang, zu einer gebenden Geste erhoben,
Hand ist geöffnet, um Karte wieder an sich zu nehmen,
verharrt in dieser Haltung, bis Karte zurückgegeben
wird. Winnie wendet sich wieder nach vorn und mustert
Karte.* Du lieber Himmel, was die da wieder machen!
Sucht Brille, setzt sie auf und mustert Karte. Nein, aber
das ist doch echter reiner Dreck! *Mustert Karte.* Brechmittel für jeden anständigen Menschen! *Willies Finger
bewegen sich ungeduldig. Sie sucht nach Lupe, nimmt sie
und mustert Karte durch Lupe. Lange Pause.* Was bildet
dieses Wesen im Hintergrund sich eigentlich ein? *Sieht
genauer hin.* Oh nein, wirklich! *Willies Finger bewegen
sich ungeduldig. Ein letzter langer Blick. Sie legt Lupe
hin, nimmt eine Ecke der Karte zwischen rechten Zeigefinger und Daumen, hält Kopf abgewandt, nimmt Nase
zwischen linken Zeigefinger und Daumen.* Puh! *Läßt
Karte fallen.* Weg damit! *Willies Arm verschwindet. Seine
Hand erscheint sofort wieder mit Karte. Winnie nimmt
Brille ab, legt sie hin, starrt geradeaus. Während des Folgenden ergötzt sich Willie weiter an der Karte, Blick-
punkt und Entfernung von seinen Augen variierend.*
Barchborsten. *Verdutzter Gesichtsausdruck.* Was ist eigentlich ein Barch? *Pause. Dito.* Eine Sau kenn' ich natürlich, aber einen Barch ... *Verdutzter Gesichtsausdruck
verschwindet.* Nun ja, was macht das schon, das sage ich
immer, es wird schon wiederkommen, das eben finde ich
so wundervoll, alles kommt wieder. *Pause.* Alles? *Pause.*
Nein, nicht alles. *Lächeln.* Nein, nein. *Lächeln ver-*

schwindet. Nicht restlos. *Pause.* Ein Teil. *Pause.* Taucht eines schönen Tages auf, aus heiterem Himmel. *Pause.* Das eben finde ich so wundervoll. *Pause.* Und nun? *Sie dreht sich zum Sack. Hand und Karte verschwinden. Sie will im Sack kramen, hält in der Bewegung inne.* Nein. *Wendet sich wieder nach vorn. Lächeln.* Nein nein. *Lächeln verschwindet.* Sachte, Winnie. *Starrt geradeaus. Willies Hand erscheint wieder, nimmt Hut ab, verschwindet mit Hut.* Was dann? *Hand erscheint wieder, nimmt Taschentuch von Schädel, verschwindet mit Taschentuch. Scharf, wie zu jemandem, der nicht aufpaßt.* Winnie! *Willie neigt Kopf, so daß er nicht mehr zu sehen ist.* Was ist die andere Möglichkeit? *Pause.* Was ist die andere Mög- *Willie putzt sich laut und lange die Nase, Kopf und Hände unsichtbar. Sie dreht sich nach ihm um. Pause. Kopf erscheint wieder. Pause. Hand erscheint wieder mit Taschentuch, breitet es über Schädel, verschwindet. Pause. Hand erscheint wieder mit Strohhut, setzt ihn schief auf Kopf, verschwindet. Pause.* Hätte ich dich doch weiterschlafen lassen. *Sie wendet sich wieder nach vorn. Zur Belebung der folgenden Szene zupft sie hin und wieder am Gras und bewegt Kopf auf und nieder.* Ach ja, wenn ich es nur ertragen könnte, allein zu sein, ich meine, vor mich hin zu quasseln, ohne daß mich eine Menschenseele hört. *Pause.* Nicht daß ich mir einbilde, du hörst viel, nein, Willie, Gott bewahre. *Pause.* Es gibt vielleicht Tage, an denen du gar nichts hörst. *Pause.* Aber auch Tage, an denen du antwortest. *Pause.* So daß ich mir jederzeit sagen kann, selbst wenn du nicht antwortest und vielleicht nichts hörst, Winnie, etwas davon wird gehört, ich rede nicht nur zu mir selbst, das heißt in die Wüste, was mir immer unerträglich war – auf die Dauer. *Pause.* Das eben ermöglicht mir weiterzumachen, das heißt, weiterzureden. *Pause.* Wenn du hingegen sterben solltest –

Lächeln – um im alten Stil zu reden – *Lächeln verschwindet* – oder weggingst und mich allein ließest, was würde ich dann tun, was könnte ich tun, den lieben langen Tag, ich meine, zwischen dem Klingeln zum Wecken und dem Klingeln zum Schlaf? *Pause.* Nur mit zusammengepreßten Lippen vor mich hinstarren. *Lange Pause, während der sie es tut. Sie zupft nicht mehr.* Kein Wort mehr, solange ich noch Atem holte, nichts, das die Stille dieses Ortes störte. *Pause.* Ausgenommen vielleicht, hin und wieder, immer wieder, einen Seufzer in meinen Spiegel. *Pause.* Oder einen kurzen . . . Lacher, falls der alte Witz mir nochmal einfallen sollte. *Pause. Sie lächelt. Lächeln wird immer breiter und scheint jeden Moment in ein Lachen zu münden, als plötzlich ein Ausdruck der Angst an seine Stelle tritt.* Mein Haar! *Pause.* Habe ich mein Haar gebürstet und gekämmt? *Pause.* Ich hab' es vielleicht getan. *Pause.* Normalerweise tue ich es. *Pause.* Es gibt so wenig, was man tun kann. *Pause.* Man tut es alles. *Pause.* Alles, was man kann. *Pause.* Es ist nur menschlich. *Pause.* Menschliche Natur. *Beginnt Hügel zu mustern, blickt auf.* Menschliche Schwäche. *Mustert wieder Hügel. Blickt auf.* Natürliche Schwäche. *Mustert wieder Hügel.* Ich sehe keinen Kamm. *Mustert.* Auch keine Haarbürste. *Blickt auf. Verdutzter Gesichtsausdruck. Sie dreht sich zum Sack, kramt darin herum.* Der Kamm ist hier. *Wieder nach vorn gewandt. Verdutzter Gesichtsausdruck. Sie dreht sich wieder zum Sack. Kramt.* Die Bürste ist hier. *Wieder nach vorn gewandt. Verdutzter Gesichtsausdruck.* Vielleicht habe ich sie wieder eingesteckt, nach Gebrauch. *Pause. Dito.* Aber normalerweise stecke ich die Sachen nicht wieder ein, nach Gebrauch, nein, ich lasse sie herumliegen und stecke sie alle zusammen wieder ein, am Ende des Tages. *Lächeln.* Der alte Stil. *Pause.* Der süße alte Stil. *Lächeln verschwindet.* Und doch . . .

glaube ich ... mich zu erinnern ... *Plötzlich unbeküm-
mert.* Nun ja, was macht das schon, das sage ich immer,
ich werde sie einfach später bürsten und kämmen,
schlicht und einfach, ich habe den ganzen – *Pause. Stutzt.*
Sie? *Pause.* Oder es? *Pause.* Es bürsten und kämmen?
Pause. Klingt irgendwie unanständig. *Pause. Dreht sich
ein wenig zu Willie.* Was würdest du sagen, Willie? *Pause.
Dreht sich ein wenig weiter zu ihm.* Was würdest du sagen, wenn du von deinem Kopf sprächest, es oder sie?
Pause. Von deinem Kopf, meine ich. *Pause. Dreht sich
noch ein wenig weiter zu ihm.* Von deinem Kopf, Willie,
was würdest du sagen, wenn du von deinem Kopf sprächest, es oder sie?
Lange Pause.

WILLIE Ihn.

WINNIE *wendet sich wieder nach vorn. Erfreut* Oh, du
wirst heute mit mir sprechen, es wird ein glücklicher Tag
werden! *Pause. Freude verschwindet.* Wieder ein glücklicher Tag. *Pause.* Na ja, wobei war ich, mein Haar, ja, später, ich werde später dafür dankbar sein. *Pause.* Ich habe
meinen – *hebt Hände zum Hut* – ja, auf, meinen Hut hab'
ich auf – *läßt Hände sinken* – ich kann ihn jetzt nicht abnehmen. *Pause.* Wenn man bedenkt, daß es Zeiten gibt,
da man seinen Hut nicht abnehmen kann, selbst wenn
das Leben auf dem Spiel stünde. Zeiten, da man ihn nicht
aufsetzen kann, Zeiten, da man ihn nicht abnehmen
kann. *Pause.* Wie oft habe ich gesagt, setz jetzt deinen Hut
auf, Winnie, es bleibt nichts anderes übrig, nimm jetzt
deinen Hut ab, Winnie, sei artig, es wird dir guttun, und
tat es nicht. *Pause.* Konnte es nicht. *Pause. Sie hebt eine
Hand, zieht eine Haarsträhne unterm Hut hervor, hält sie
in Augennähe, betrachtet sie schielend, läßt sie fahren,
Hand sinkt.* Golden nanntest du es, golden, an jenem
Tag, als der letzte Gast gegangen war – *hebt Hand zu ei-*

ner Geste, als erhöbe sie ein Glas – auf dein goldenes . . .
möge es nie . . . *Stimme bricht* . . . möge es nie . . . *Hand
sinkt. Kopf sinkt. Pause. Leise. An jenem Tag. Pause.
Dito. An welchem Tag? Pause. Kopf hoch. Normale
Stimme. Und nun? Pause.* Worte fehlen, es gibt Zeiten, da
sogar sie einem fehlen. *Dreht sich ein wenig zu Willie.*
Nicht wahr, Willie? *Pause. Dreht sich ein wenig weiter
um.* Nicht wahr, Willie, daß einem sogar die Worte fehlen, bisweilen? *Pause. Wendet sich wieder nach vorn.*
Was soll man dann anfangen, bis sie wiederkommen?
Das Haar bürsten und kämmen, wenn es noch nicht geschehen ist, oder wenn es fraglich ist, die Nägel pflegen,
wenn sie Pflege nötig haben usw., diese Dinge helfen einem darüber hinweg. *Pause.* Das ist es, was ich meine.
Pause. Das ist alles, was ich meine. *Pause.* Das eben finde
ich so wundervoll, daß kein Tag vergeht – *Lächeln* – um
im alten Stil zu sprechen – *Lächeln verschwindet* – ohne
irgendeine verkannte – *Willie sackt hinterm Hang zusammen, sein Kopf verschwindet, Winnie dreht sich danach
um* – Gnade. *Sie reckt sich nach hinten unten.* Kriech'
jetzt zurück in dein Loch, Willie, du hast dich lange genug
exponiert. *Pause.* Tu, was ich sage, Willie, räkele dich
nicht dort in der höllischen Sonne, kriech' zurück in dein
Loch. *Pause.* Nun mal los, Willie. *Willie beginnt, ohne
daß es zu sehen ist, nach links auf sein Loch zuzukrie-
chen.* So ist's recht. *Sie folgt seinem Fortkommen mit den
Augen.* Nicht den Kopf zuerst, Dussel, wie willst du dich
dann drehen? *Pause.* So ist's richtig . . . ganz herum . . .
jetzt . . . rückwärts rein . . . *Pause.* Oh, ich weiß, mein Lieber, es ist nicht leicht, rückwärts zu kriechen, aber es
macht sich am Ende bezahlt. *Pause.* Du hast deine Vaseline liegen lassen. *Sie beobachtet, wie er zurückkriecht,
um seine Vaseline zu holen.* Den Deckel! *Sie beobachtet,
wie er wieder zum Loch zurückkriecht. Gereizt.* Nicht

den Kopf zuerst, sag' ich! *Pause.* Mehr nach rechts. *Pause.* Rechts, sag' ich. *Pause. Gereizt.* Halt doch um Gottes willen deinen Hintern tiefer! *Pause.* Jetzt. *Pause.* Da! *All diese Anweisungen laut. Jetzt mit normaler Stimme, immer noch zu ihm gewandt.* Kannst du mich von dort aus hören? *Pause.* Ich flehe dich an. Willie, nur ja oder nein, kannst du mich hören, nur ja oder nichts. *Pause.*

WILLIE Ja.

WINNIE *sich nach vorn wendend, mit derselben Stimme* Und jetzt?

WILLIE *gereizt* Ja.

WINNIE *leiser* Und jetzt?

WILLIE *gereizter* Ja.

WINNIE *noch leiser* Und jetzt? *Etwas lauter.* Und jetzt?

WILLIE *wütend* Ja!

WINNIE *mit derselben Stimme* Fürchte nicht mehr der Sonne Glut. *Pause.* Hast du das gehört?

WILLIE *gereizt* Ja.

WINNIE *mit derselben Stimme* Was? *Pause.* Was?

WILLIE *gereizter* Fürchte nicht mehr.
    Pause.

WINNIE *mit derselben Stimme* Nicht mehr was? *Pause.* Fürchte nicht mehr was?

WILLIE *wütend* Fürchte nicht mehr!

WINNIE *normale Stimme, herunterleiernd* Dank dir Willie ich weiß deine Güte sehr zu schätzen ich weiß welche Mühe es dich kostet, jetzt darfst du dich ausruhen ich werde dich nicht wieder stören nur wenn ich nicht umhin könnte, ich meine nur wenn ich am Ende meiner Mittel anlangte was sehr unwahrscheinlich ist, nur zu wissen daß du mich theoretisch hören kannst obwohl du es praktisch nicht tust ist alles was ich brauche, nur zu fühlen daß du da in Hörweite und womöglich auf dem Qui-vive bist ist alles was ich verlange, nicht irgend etwas zu sagen was du besser nicht hören würdest oder was dir weh tun könnte, nicht nur vor mich hin zu plappern in gutem Glauben sozusagen und dabei nichts wissend und etwas in mir das nagt. *Atempause.* Zweifel. *Legt Zeige- und Mittelfinger auf Herzgegend, bewegt Finger hin und her, hält sie dann still.* Hier. *Bewegt sie ein wenig.* Ungefähr. *Hand weg.* Oh zweifellos wird die Zeit kommen da ich bevor ich ein Wort aussprechen kann mich vergewissern muß daß du das Vorhergehende gehört hast und dann zweifellos eine andere eine andere Zeit da ich lernen muß zu mir selbst zu sprechen was mir immer unerträglich war solche Wüste. *Pause.* Oder vor mich hin starren mit zusammengepreßten Lippen. *Sie tut es.* Den lieben langen Tag. *Wieder starrer Blick und zusammengepreßte Lippen.* Nein. *Lächeln.* Nein nein. *Lächeln verschwindet.* Es gibt allerdings den Sack. *Sie dreht sich zum Sack.* Den Sack wird es immer geben. *Wieder nach vorn gewandt.* Ja, ich nehme es an. *Pause.* Selbst wenn du gegangen bist, Willie. *Sie dreht sich ein wenig zu ihm.* Du gehst doch, Willie, nicht? *Pause. Lauter.* Du wirst doch bald gehen, Willie, nicht? *Pause. Lauter.* Willie! *Sie reckt sich nach hinten unten, um nach ihm zu sehen.* Du hast also deinen Strohdeckel abgenommen, das ist vernünftig. *Pause.* Du scheinst da ganz gemütlich zu liegen, das muß ich sagen, mit dem Kinn auf deinen Händen und den alten blauen Augen wie Untertassen im Schatten. *Pause.* Kannst du mich von dort aus sehen, frage ich mich, frage ich mich immer wieder. *Pause.* Nein? *Wieder nach vorn gewandt.* Oh, ich weiß, wenn zwei versammelt sind – *sie stockt* – in dieser Weise – *normal* – folgt daraus nicht, daß, weil man den andern sieht, man auch vom andern gesehen wird, das Leben hat mich das gelehrt ... auch das. *Pause.* Ja, das Leben, nehme ich an, es gibt kein anderes Wort.

Dreht sich ein wenig zu ihm. Glaubst du, Willie, daß du mich sehen könntest, von dort aus, wo du bist, wenn du deine Augen zu mir aufschlügest? *Dreht sich ein wenig weiter zu ihm.* Hebe deine Augen auf zu mir, Willie, und sag' mir, kannst du mich sehen, tu es mir zuliebe, ich werde mich so weit zurücklehnen, wie ich kann. *Sie tut es. Pause.* Nein? *Pause.* Na ja, macht nichts. *Wendet sich mühsam wieder nach vorn.* Die Erde ist mir sehr eng heute, gebe Gott, daß ich kein Fett angesetzt habe. *Pause. Geistesabwesend, mit gesenkten Augen.* Die große Hitze womöglich. *Beginnt den Boden zu tätscheln und zu streicheln.* Alle Dinge dehnen sich aus, einige mehr als andere. *Pause. Tätschelt und streichelt.* Andere weniger. *Pause. Dito.* Oh, ich kann mir gut vorstellen, was dir durch den Kopf geht, nicht genug damit, der Frau zuhören zu müssen, jetzt soll man sie auch noch anschauen. *Pause. Dito.* Nun ja, das ist sehr verständlich. *Pause. Dito.* Durchaus verständlich. *Pause. Dito.* Es sieht nicht so aus, als ob man viel verlangte, manchmal würde es sogar kaum möglich erscheinen – *Stimme bricht, murmelt nur noch* – weniger zu verlangen – von einem Mitmenschen – um es milde auszudrücken – während in Wirklichkeit – wenn man sich's überlegt – in sich geht – den andern sieht – was er braucht – Frieden – in Frieden gelassen zu werden – dann vielleicht den Himmel verlangt – diese ganze Zeit – den Himmel auf Erden. *Pause. Die streichelnde Hand hält plötzlich still. Lebhaft.* Nanu, was ist denn das? *Sie beugt sich vor, ungläubig.* Sieht aus wie eine Art Leben! *Sucht nach Brille, setzt sie auf, beugt sich weiter vor, Pause.* Eine Emse! *Weicht zurück. Schrill.* Willie, eine Emse, eine lebendige Emse! *Sie ergreift Vergrößerungsglas, beugt sich wieder vor, besichtigt durch Lupe.* Wo ist sie hin? *Besichtigt durch Lupe.* Ah! *Folgt ihrem Fortkommen im Gras.* Hat etwas wie einen kleinen weißen

Ball in ihren Armen. *Folgt dem Fortkommen, hält Hand still. Pause.* Ist reingekrochen. *Starrt noch einen Moment durch Lupe auf dieselbe Stelle, richtet sich dann langsam auf, legt Lupe hin, setzt Brille ab und starrt, mit Brille in der Hand, vor sich hin. Schließlich.* Etwas wie einen kleinen weißen Ball. *Lange Pause. Sie macht eine Bewegung, um Brille hinzulegen.*

WILLIE Eier.

WINNIE *hält in der Bewegung inne* Was?

Pause.

WILLIE Eier.

WINNIE *legt Brille hin, starrt vor sich hin und murmelt schließlich* Gott. *Pause. Willie lacht leise. Nach einer Weile lacht sie mit. Sie lachen leise zusammen. Willie hält inne. Sie lacht noch ein Weilchen allein. Willie lacht wieder mit. Sie lachen zusammen. Sie hält inne. Willie lacht noch ein Weilchen allein. Er hält inne. Pause. Normale Stimme.* Na ja, was für eine Freude jedenfalls, dich wieder lachen zu hören, Willie, ich war davon überzeugt, ich täte es nie wieder, du tätest es nie wieder. *Pause.* Ich nehme an, daß manche Leute uns für ein wenig unehrerbietig halten könnten, aber ich bezweifle es. *Pause.* Wie kann man den Herrn besser verherrlichen, als indem man mit ihm über seine kleinen Witze kichert, vor allem über die faulen? *Pause.* Ich glaube, du würdest mir darin beipflichten, Willie. *Pause.* Oder haben wir uns vielleicht an zwei ganz verschiedenen Dingen ergötzt? *Pause.* Nun ja, was macht das schon, das sage ich immer, solange man . . . du weißt schon . . . wie lautet noch die wundervolle Zeile . . . wildes Lachen . . . hm – hm – hm – hm – wildes Lachen unter schwerstem Weh. *Pause.* Und nun? *Lange Pause.* War ich einst liebenswert, Willie? *Pause.* War ich je liebenswert? *Pause.* Versteh' meine Frage bitte nicht falsch, ich frage dich nicht, ob du mich liebtest, darüber

brauchen wir kein Wort mehr zu verlieren, ich frage dich,
ob du mich liebenswert fandest – in einem gewissen Sta-
dium. *Pause.* Nein? *Pause.* Du kannst nicht? *Pause.* Na ja,
ich gebe zu, daß es knifflig ist, und du hast schon mehr als
dein Teil getan, vorerst, leg dich nun einfach zurück und
ruh dich aus, ich werde dich nicht wieder stören, nur
wenn ich dazu genötigt wäre, nur zu wissen, daß du da
bist, in Hörweite und womöglich halb auf der Hut, ist …
öh … genug vom Erdenparadies. *Pause.* Der Tag ist
schon weit vorgerückt. *Lächeln.* Um im alten Stil zu sprechen. *Lächeln verschwindet.* Und doch ist es vielleicht ein
wenig zu früh für meinen Gesang. *Pause.* Zu früh zu singen ist ein großer Fehler, finde ich. *Dreht sich zum Sack.*
Es gibt allerdings den Sack. *Sack betrachtend.* Den Sack.
Nach vorn gewandt. Könnte ich seinen Inhalt aufzählen?
Pause. Nein. *Pause.* Könnte ich, wenn irgendein netter
Mensch vorbeikäme und fragte, was hast du alles in dem
großen schwarzen Sack, Winnie? eine erschöpfende Ant-
wort geben? *Pause.* Nein. *Pause.* In den Tiefen vor allem,
wer weiß, was für Schätze. *Pause.* Was für Tröstungen.
Dreht sich, um den Sack wieder zu betrachten. Ja, es gibt
den Sack. *Wieder nach vorn gewandt.* Aber etwas sagt
mir, übertreib' es nicht mit dem Sack, Winnie, du sollst
ihn freilich benützen, dir von ihm helfen lassen … voran-
zukommen, wenn du steckenbleibst, das auf jeden Fall,
aber versetze dich in die Zeit, etwas sagt mir, Winnie,
versetze dich in die Zeit, da die Worte fehlen werden –
schließt Augen, Pause, öffnet Augen – und übertreib' es
nicht mit dem Sack. *Pause. Dreht sich, um den Sack zu
betrachten.* Vielleicht nur einen einzigen schnellen Griff.
*Wendet sich wieder nach vorn, schließt Augen, streckt
linken Arm aus, taucht Hand in den Sack und holt Revolver hervor. Angewidert.* Du wieder! *Öffnet Augen, hält
Revolver vor sich, um ihn zu betrachten. Wiegt ihn in der

Hand. Man sollte meinen, daß so ein schweres Ding ganz nach unten sinkt zwischen die ... letzten Patronen. Aber nein. Tut es nicht. Immer obenauf, wie Browning. *Pause.* Brownie ... *Dreht sich ein wenig zu Willie.* Erinnerst du dich noch an Brownie, Willie? *Pause.* Erinnerst du dich noch daran, wie du mir immer wieder nahelegtest, ihn dir wegzunehmen? Nimm ihn weg, Winnie, nimm ihn weg, bevor ich meinem Elend ein Ende bereite. *Wieder nach vorn gewandt. Spöttisch.* Deinem Elend! *Zum Revolver.* Oh, ich nehme an, es ist ein Trost zu wissen, daß du da bist, aber ich bin dich leid. *Pause.* Ich werde dich draußen lassen, das ist es, was ich tun werde. *Legt Revolver rechts neben sich auf den Boden.* Da, da ist dein Platz vom heutigen Tage an. *Lächeln.* Der alte Stil! *Lächeln verschwindet.* Und nun? *Lange Pause.* Ist die Schwerkraft noch die alte, Willie, mich dünkt nicht. *Pause.* Ja, immer mehr das Gefühl, daß ich, wenn ich nicht festgehalten würde – *Geste* – in dieser Weise, einfach ins Blaue hinaufschweben würde. *Pause.* Und daß die Erde vielleicht eines Tages nachgeben und mich gehen lassen wird, der Sog ist so stark, ja, daß sie um mich herum bersten und mich herauslassen wird. *Pause.* Hast du nie das Gefühl, Willie, hinaufgesogen zu werden? *Pause.* Mußt du dich nicht manchmal anklammern, Willie? *Pause. Dreht sich ein wenig zu ihm.* Willie.
Pause.

WILLIE Hinaufgesogen?

WINNIE Ja, Lieber, hinauf ins Blaue, wie Altweibersommer. *Pause.* Nein? *Pause.* Du nicht? *Pause. Wieder nach vorn.* Na ja, die Naturgesetze, die Naturgesetze, ich nehme an, es ist wie mit allem anderen, alles hängt davon ab, was für ein Geschöpf man zufällig ist. Alles, was ich, für mein Teil, sagen kann, ist, daß sie für mich nicht mehr sind, was sie waren, als ich jung war und ... dumm

und ... *stockt, senkt Kopf* ... schön ... womöglich ...
irgendwie ... lieblich ... anzuschauen. *Pause. Mit erho-
benem Kopf.* Vergib mir, Willie, der Unmut bricht immer
wieder durch. *Normale Stimme.* Nun ja, was für eine
Freude jedenfalls, zu wissen, daß du da bist, wie gewöhnlich, und vielleicht wachst, und vielleicht dies alles in dich
aufnimmst, etwas von alledem, was für ein glücklicher
Tag für mich ... es gewesen sein wird. *Pause.* Bislang.
Pause. Was für ein Segen, daß nichts wächst, stell' dir vor,
all dies Zeug würde zu wachsen beginnen. *Pause.* Stell dir
vor. *Pause.* O ja, große Gnaden. *Lange Pause.* Mehr kann
ich nicht sagen. *Pause.* Im Moment. *Pause. Dreht sich, um
zum Sack zu blicken. Wieder nach vorn gewandt.* Nein.
Lächeln. Nein nein. *Lächeln verschwindet. Blickt zum
Sonnenschirm.* Ich nehme an, ich könnte ... *nimmt Sonnenschirm* – ja, ich nehme an, ich könnte dies Ding jetzt
hissen. *Beginnt ihn aufzuspannen. Das Folgende wird
durch mechanische Schwierigkeiten, die sie jeweils über-
windet, gegliedert.* Man schiebt es immer wieder auf –
ihn aufzuspannen – aus Angst – ihn zu früh aufzuspannen – und der Tag geht vorbei – ganz vorbei – ohne daß
man ihn – überhaupt aufgespannt hat. *Sonnenschirm ist
jetzt ganz aufgespannt. Nach rechts gedreht, läßt sie ihn
lässig bald in der einen, bald in der anderen Richtung
kreisen.* Ach ja, so wenig zu sagen, so wenig zu tun, und
die Angst so groß, an gewissen Tagen, sich verlassen zu
finden ... im Stich gelassen ... noch Stunden vor sich,
bis es klingelt zum Schlaf, und nichts mehr zu sagen,
nichts mehr zu tun, daß die Tage vorbeigehen, gewisse
Tage, ganz vorbei, es klingelt, und wenig oder nichts gesagt, wenig oder nichts getan. *Hebt Sonnenschirm.* Da
liegt die Gefahr. *Wendet sich wieder nach vorn.* Vor der
man sich hüten muß. *Starrt geradeaus, wobei sie Sonnenschirm mit rechter Hand hochhält. Maximale Pause.* Ich

transpirierte sonst stark. *Pause.* Jetzt kaum. *Pause.* Die Hitze ist viel größer. *Pause.* Die Transpiration viel geringer. *Pause.* Das eben finde ich so wundervoll. *Pause.* Die Art, in der der Mensch sich anpaßt. *Pause.* Den wechselnden Verhältnissen. *Gibt Sonnenschirm in die linke Hand. Lange Pause.* Das Hochhalten ermüdet den Arm. *Pause.* Nicht, wenn man geht. *Pause.* Nur, wenn man am Platz bleibt. *Pause.* Das ist eine merkwürdige Beobachtung. *Pause.* Ich hoffe, du hast das gehört, Willie, es täte mir leid, denken zu müssen, daß du es nicht gehört hast. *Nimmt Sonnenschirm in beide Hände. Lange Pause.* Ich bin es müde, ihn hochzuhalten, und kann ihn doch nicht herunternehmen. *Pause.* Ich bin schlimmer dran, wenn ich ihn hochhalte, als wenn ich ihn herunternehme, und ich kann ihn nicht herunternehmen. *Pause.* Die Vernunft sagt, nimm ihn herunter, Winnie, es hilft dir nichts, nimm das Ding herunter und beschäftige dich mit etwas anderem. *Pause.* Ich kann es nicht. *Pause.* Ich kann mich nicht bewegen. *Pause.* Nein, irgend etwas muß geschehen, in der Welt, vor sich gehen, sich ändern, ich kann es nicht, wenn ich mich wieder bewegen soll. *Pause.* Willie. *Sanft.* Hilf. *Pause.* Nein? *Pause.* Heiß' mich, dies Ding herunternehmen, Willie, ich würde dir sofort gehorchen, wie ich es immer getan, getreulich und gehorsam. *Pause.* Bitte, Willie. *Sanft.* Erbarmen. *Pause.* Nein? *Pause.* Du kannst es nicht? *Pause.* Nun, ich verarge es dir nicht, nein, es würde mir, die ich mich nicht bewegen kann, schlecht anstehen, es meinem Willie zu verargen, daß er nicht sprechen kann. *Pause.* Zum Glück bin ich wieder gesprächig. *Pause.* Das eben finde ich so wundervoll, meine beiden Lampen, wenn eine ausgeht, brennt die andere um so heller. *Pause.* O ja, große Gnaden. *Maximale Pause. Sonnenschirm fängt Feuer. Rauch, wenn möglich Flammen. Sie schnuppert in der Luft, blickt auf, wirft Sonnenschirm rechts von sich hinter den Hügel und reckt sich, um den Schirm brennen zu sehen. Pause.* Ach Erde, du alte Tilgerin. *Wieder nach vorn gewandt.* Ich nehme an, daß dies schon mal geschehen ist, obwohl ich es nicht erinnern kann. *Pause.* Kannst du es, Willie? *Dreht sich ein wenig zu ihm.* Kannst du erinnern, daß dies schon mal geschehen ist? *Pause. Reckt sich, um nach ihm zu sehen.* Weißt du, was geschehen ist, Willie? *Pause.* Bist du mir wieder eingeschlafen? *Pause.* Ich frage nicht, ob du alles miterlebst, was vorgeht, ich frage nur, ob du mir nicht wieder eingeschlafen bist. *Pause.* Deine Augen scheinen geschlossen zu sein, aber das hat nichts Besonderes zu bedeuten, wie wir wissen. *Pause.* Hebe einen Finger, Liebling, sei so lieb, wenn du noch nicht ganz von Sinnen bist. *Pause.* Tu das für mich, Willie, bitte, nur den kleinen Finger, wenn du noch bei Bewußtsein bist. *Pause. Voller Freude.* Oh, alle fünf, wie lieb du bist heute, jetzt kann ich leichten Herzens weitermachen. *Wieder nach vorn gewandt.* Ja, was geschah denn je, das nicht schon mal geschehen ist, und doch . . . ich frage mich, ja, zugegeben, ich frage mich. *Pause.* Jetzt, da die Sonne so viel sengender herunterbrennt, von Stunde zu Stunde sengender, ist es da nicht natürlich, daß Dinge Feuer fangen müssen, von denen man nie wußte, daß sie es tun, in dieser Weise, meine ich, sozusagen spontan. *Pause.* Werde ich selbst nicht vielleicht am Ende zerschmelzen oder verbrennen, oh, ich meine nicht unbedingt lichterloh in Flammen aufgehen, nein, nur nach und nach zu schwarzer Schlacke verkohlen, all dies – *weitausholende Bewegung der Arme* – sichtbare Fleisch. *Pause.* Habe ich, andererseits, je eine gemäßigte Zeit erlebt? *Pause.* Nein. *Pause.* Ich spreche von gemäßigten Zeiten und von heißen Zeiten, es sind leere Worte. *Pause.* Ich spreche von der Zeit, als ich noch nicht gefangen war – in dieser Weise – und meine

Beine hatte, und meine Beine gebrauchen konnte, und mir einen schattigen Platz aussuchen konnte, wie du, wenn ich die Sonne leid war, oder einen sonnigen Platz, wenn ich den Schatten leid war, wie du, und es sind alles leere Worte. *Pause.* Es ist heute nicht heißer als gestern, es wird morgen nicht heißer sein als heute, wie könnte es auch, und so weiter, zurück in die ferne Vergangenheit und vorwärts in die ferne Zukunft. *Pause.* Und sollte die Erde eines Tages meine Brüste bedecken, werde ich meine Brüste nie gesehen haben, wird niemand meine Brüste je gesehen haben. *Pause.* Ich hoffe, du hast etwas davon mitgekriegt, Willie, es täte mir leid, denken zu müssen, daß du nichts von alledem mitgekriegt hast, es kommt nicht alle Tage vor, daß ich mich in solche Höhen erhebe. *Pause.* Ja, etwas scheint geschehen zu sein, etwas schien zu geschehen, und nichts ist geschehen, gar nichts, du hast ganz recht, Willie. *Pause.* Der Sonnenschirm wird morgen wieder da sein, neben mir auf diesem Hügel, um mir durch den Tag zu helfen. *Pause. Nimmt Spiegel.* Ich nehme diesen kleinen Spiegel, ich zersplittere ihn an einem Stein – *sie tut es* – ich werfe ihn weg – *sie wirft ihn weit hinter sich* – er wird morgen wieder im Sack sein, ohne einen Sprung, um mir durch den Tag zu helfen. *Pause.* Nein, man kann nichts tun. *Pause.* Das eben finde ich so wundervoll, die Art, in der Dinge ... *Stimme bricht, mit gesenktem Kopf ...* Dinge ... so wundervoll. *Lange Pause, Kopf gesenkt. Schließlich dreht sie sich, immer noch mit gesenktem Kopf, zum Sack, holt undefinierbaren Krimskrams daraus hervor, stopft ihn wieder hinein, wühlt weiter unten, holt schließlich eine Spieldose hervor, zieht sie auf, setzt sie in Gang, lauscht einen Moment, wobei sie über die Spieldose gekauert ist, die sie in beiden Händen hält, dann wendet sie sich wieder nach vorn, richtet sich auf und lauscht, die Dose mit beiden*

Händen an die Brust drückend, der Melodie, dem Wal-
zerduett »Lippen schweigen« aus der »Lustigen Witwe«.
Allmählich glücklicher Gesichtsausdruck. Sie wiegt sich
im Takt. Musik verklingt. Pause. Kurzer Ausbruch heise-
ren wortlosen Gesangs – Melodie der Spieldose von Wil-
lie. Glücklicher Gesichtsausdruck wird stärker. Sie legt
Dose hin. Oh, dies wird ein glücklicher Tag gewesen sein!
Sie klatscht in die Hände. Nochmal, Willie, nochmal!
Klatscht. Da capo, Willie, bitte. *Pause. Glücklicher Ge-*
sichtsausdruck verschwindet. Nein? Du willst es nicht für
mich tun? *Pause.* Nun, das ist sehr verständlich, durchaus
verständlich. Man kann nicht singen, nur um jemandem
einen Gefallen zu tun, wie sehr man ihn auch lieben mag,
nein, ein Lied muß von Herzen kommen, das sage ich immer, aus dem Innersten hervorquellen, wie eine Drossel.
Pause. Wie oft habe ich in schweren Stunden gesagt, Sing'
jetzt, Winnie, singe deinen Gesang, es bleibt nichts anderes übrig, und tat es nicht. *Pause.* Konnte es nicht. *Pause.*
Nein, wie die Drossel oder der frühe Vogel, ohne jegli-
chen Gedanken an einen Nutzen, weder für einen selbst
noch für jemand anderen. *Pause.* Und nun? *Lange Pause.*
Leise. Seltsames Gefühl. *Pause. Dito.* Das seltsame Gefühl, daß mich jemand ansieht. Ich bin klar, dann trüb,
dann weg, dann wieder trüb, dann wieder klar, und so
fort, hin und her, in und aus ich weiß nicht wessen Blick.
Pause. Dito. Seltsam? *Pause. Dito.* Nein, hier ist alles seltsam. *Pause. Normale Stimme.* Etwas sagt mir, Hör' jetzt
auf zu reden, Winnie, für eine Minute, verschwende nicht
all deine Worte, die du für den Tag hast, hör' auf zu reden
und tu zur Abwechslung etwas, ja? *Sie hebt beide Hände*
und hält sie geöffnet vor ihre Augen. Apostrophierend.
Tut etwas! *Sie schließt Hände.* Was für Klauen! *Sie dreht*
sich zum Sack, kramt darin herum, holt schließlich eine
Nagelfeile daraus hervor, wendet sich wieder nach vorn

und fängt an, sich die Nägel zu feilen. Sie feilt eine Zeit-
lang schweigend, dann das Folgende durch Feilen geglie-
dert. Es taucht da auf – in meinen Gedanken – ein Herr
Pierer – ein Herr Pierer und vielleicht eine Frau Pierer –
nein – sie halten sich an den Händen – seine Braut dann
wohl eher – oder einfach irgendein – geliebtes Wesen.
Sieht Nägel genauer an. Sehr brüchig heute. *Feilt wieder.*
Pierer – Pierer – bedeutet der Name etwas – für dich, Willie – beschwört er irgendeine – Realität herauf, meine
ich – für dich, Willie – antworte nicht, wenn du dich
nicht – dazu aufschwingen kannst – du hast schon mehr –
als dein Teil getan – Pierer – Pierer. *Besichtigt die gefeilten*
Fingernägel. Etwas manierlicher. *Hebt Kopf, starrt gera-*
deaus. Bleib' adrett, Winnie, das sage ich immer, komme,
was da wolle, bleib' adrett. *Pause. Feilt wieder.* Ja – Pierer – Pierer – *hört auf zu feilen, hebt Kopf, starrt gerade-*
aus. Pause. – Oder Stärer, vielleicht sollte ich Stärer sagen. *Dreht sich ein wenig zu Willie.* Stärer, Willie, schlägt
Stärer eine Saite in dir an? *Pause. Dreht sich ein wenig*
weiter zu ihm. Lauter. Stärer, Willie, bringt Stärer etwas
in dir zum Klingen, der Name Stärer? *Pause. Sie reckt sich*
nach hinten, um nach ihm zu schauen. Pause. Na, so was!
Hast du kein Taschentuch, Liebling? *Pause.* Hast du kein
Feingefühl? *Pause.* Oh, Willie, du ißt es doch wohl nicht!
Spuck' es aus, Lieber, spuck' es aus! *Pause. Wieder nach*
vorn gewandt. Nun ja, ich nehme an, daß es nur natürlich
ist. *Stimme bricht.* Menschlich. *Pause. Dito.* Was soll
man bloß tun? *Senkt Kopf. Dito.* Den lieben langen Tag.
Pause. Dito. Tag für Tag. *Pause. Hebt Kopf. Lächeln. Ru-*
hig. Der alte Stil! *Lächeln verschwindet. Feilt weiter.*
Nein, den hab' ich schon. *Geht zum nächsten über.* Hätte
meine Brille aufsetzen sollen. *Pause.* Zu spät jetzt. *Been-*
det linke Hand, besichtigt sie. Etwas menschlicher. *Be-*
ginnt mit rechter Hand. Das Folgende wird wie zuvor

gegliedert. Nun denn – dieser Pierer – oder Stärer – einerlei – und die Frau – Hand in Hand – in den anderen Händen Taschen – so was wie große braune Reisetaschen –
stehen da und gaffen mich an – und schließlich dieser
Pierer – oder Stärer – endet jedenfalls mit er – das
schwöre ich bei meinem Leben – Was macht sie da? sagt
er – Was hat das für einen Sinn? sagt er – Steckt da bis zu
ihren Titten im verdammten Boden – gemeiner Bursche –
Was bedeutet es? sagt er – Was soll das bedeuten? – und
so weiter – lauter solches Zeug – der übliche Quatsch –
Hörst du mich? sagt er – Ja, sagt sie, leider Gottes – Was
meinst du damit, sagt er, leider Gottes? *Hört auf zu feilen, hebt Kopf, starrt geradeaus.* Und du, sagt sie, was
hast du für einen Sinn, sagt sie, was sollst du bedeuten?
Glaubst du etwa, weil du immer noch auf deinen beiden
Plattfüßen stehst, mit deinem alten Sackkoffer voll Dreck
in Büchsen und Unterwäsche zum Wechseln, mich auf
und ab durch diese beschissene Wüste zerrst, gemeines
Weibsbild, ideales Paar – *plötzlich wütend* – laß meine
Hand los und fall' um des Himmels willen, sagt sie, fall'!
Pause. Feilt weiter. Warum gräbt er sie nicht aus? sagt er –
womit er dich meinte, mein Lieber – Was hat er so von
ihr? – Was hat sie so von ihm? – und so weiter – der übliche Quark – Von ihm haben! sagt sie, zum Kuckuck
nochmal – Ausgraben, sagt er, ausgraben, sie hat doch so
keinen Sinn – Sie ausgraben womit? sagt sie – Ich würde
sie mit meinen bloßen Händen ausgraben, sagt er – waren
doch wohl Mann und – Frau. *Feilt schweigend.* Und dann
los – Hand in Hand – und die Taschen – trüb – dann weg –
die letzten menschlichen Wesen – die sich hierher verirrten. *Beendet rechte Hand, besichtigt sie, legt Feile hin,
starrt geradeaus.* Seltsame Sache, in solchem Moment, da
in meinem Kopf aufzutauchen. *Pause.* Seltsam? *Pause.*
Nein, hier ist alles seltsam. *Pause.* Bin jedenfalls dankbar

dafür. *Stimme bricht.* Sehr dankbar. *Senkt Kopf. Pause. Hebt Kopf. Ruhig.* Kopf senken und heben, senken und heben, immerhin das. *Pause.* Und nun? *Lange Pause. Beginnt Sachen wieder in den Sack zu stecken, Zahnbürste zuletzt. Diese Tätigkeit, die von Pausen, wie angegeben, unterbrochen wird, gliedert das Folgende.* Es ist vielleicht noch etwas früh – um sich zu rüsten – für die Nacht – *unterbricht Aufräumen, hebt Kopf, lächelt* – der alte Stil! – *Lächeln verschwindet. Räumt weiter auf* – und doch tue ich es – rüste mich für die Nacht – da ich sie nahe fühle – die Klingel zum Schlaf – und sage mir – Winnie – es dauert nun nicht mehr lange, Winnie – bis es zum Schlaf klingelt. *Unterbricht Aufräumen, hebt Kopf.* Manchmal täusche ich mich. *Lächeln.* Aber nicht oft. *Lächeln verschwindet.* Manchmal ist alles vorbei, für den Tag, alles getan, alles gesagt, alles gerüstet für die Nacht, und der Tag noch nicht vorbei, noch lange nicht vorbei, die Nacht noch nicht so weit, noch lange, lange nicht so weit. *Lächeln.* Aber nicht oft. *Lächeln verschwindet.* Ja, die Klingel zum Schlaf, wenn ich sie nahe fühle, und mich also rüste für die Nacht – *Geste* – in dieser Weise, manchmal täusche ich mich – *Lächeln* – aber nicht oft. *Lächeln verschwindet. Sie räumt weiter auf.* Früher dachte ich – ich sage, früher dachte ich – daß all diese Sachen – wieder in den Sack gesteckt – wenn zu früh – zu früh wieder in den Sack gesteckt – wieder herausgeholt werden könnten – im Notfall – im Bedarfsfall – und so weiter – immer wieder – wieder in den Sack – wieder aus dem Sack – bis die Klingel – schrillte. *Unterbricht Aufräumen, hebt Kopf, lächelt.* Aber nein. *Breiteres Lächeln.* nein nein. *Lächeln verschwindet. Sie räumt weiter auf.* Ich nehme an, daß dies – seltsam erscheinen könnte – dies – was soll ich sagen – dies – was ich gerade gesagt – ja – *nimmt Revolver* – seltsam – *dreht sich, um Revolver in den Sack zu stecken* –

wenn nicht – *will Revolver in den Sack stecken, hält in der Bewegung inne und wendet sich wieder nach vorn* – wenn nicht – *legt Revolver rechts neben sich, unterbricht Aufräumen, hebt Kopf* – das alles seltsam erschiene. *Pause.* Sehr seltsam. *Pause.* Nie irgendeine Veränderung. *Pause.* Und alles immer seltsamer. *Pause. Beugt sich wieder zum Hügel, nimmt letzten Gegenstand, das heißt Zahnbürste, und dreht sich, um sie in den Sack zu stecken, als sie, durch Willie gestört, abgelenkt wird. Sie reckt sich nach hinten rechts, um nachzusehen. Pause.* Dein Loch leid, Lieber? *Pause.* Nun das kann ich verstehen. *Pause.* Vergiß deinen Strohdeckel nicht. *Pause.* Bist nicht mehr der Kriecher, der du mal warst, armer Schatz. *Pause.* Nein, nicht mehr der Kriecher, dem ich mein Herz schenkte. *Pause.* Auf Händen und Knien, versuch' es auf Händen und Knien. *Pause.* Und Knien! Und Knien! *Pause.* Was für ein Fluch, die Beweglichkeit! *Sie folgt mit den Augen seinem Fortkommen hinterm Hügel auf sie zu, d. h. auf den Platz zu, an dem er sich zu Beginn des Aktes befand.* Noch anderthalb Fuß, Willie, und du bist am Ziel. *Pause, während sie das Ankommen beobachtet.* Ah! *Sie wendet sich mühsam wieder nach vorn, reibt ihren Nacken.* Nacken verknackst vor lauter Bewunderung für dich. *Reibt ihren Nacken.* Aber das ist es wert, das ist es wohl wert. *Dreht sich ein wenig zu ihm.* Weißt du, was ich manchmal träume? *Pause.* Was ich manchmal träume, Willie. *Pause.* Daß du auf diese Seite herumkommst und lebst, wo ich dich sehen könnte. *Pause. Wieder nach vorn gewandt.* Ich würde eine ganz andere Frau sein. *Pause.* Nicht wiederzuerkennen. *Dreht sich ein wenig zu ihm.* Oder nur hin und wieder, daß du nur hin und wieder auf diese Seite herumkommst, damit ich mich an dir weide. *Wieder nach vorn gewandt.* Aber du kannst es nicht, ich weiß. *Mit gesenktem Kopf.* Ich weiß. *Pause. Hebt Kopf.* Nun denn – *be-*

trachtet Zahnbürste in ihrer Hand – es kann jetzt nicht mehr lange dauern – *betrachtet Bürste* – bis es klingelt. *Der obere Teil von Willies Hinterkopf erscheint überm Hang. Winnie betrachtet Bürste genauer.* Voll garantierte ... *hebt Kopf* ... was war das noch? *Willies Hand erscheint mit Taschentuch, breitet es über den Schädel, verschwindet.* Echte reine ... voll garantierte ... *Willies Hand erscheint mit steifem Strohhut, setzt ihn schief auf seinen Kopf, verschwindet* ... echte reine ... Ah! Barchborsten. *Pause.* Was ist eigentlich ein Barch? *Pause. Dreht sich ein wenig zu Willie.* Was ist eigentlich ein Barch, Willie, weißt du es, ich kann mich nicht erinnern. *Pause. Sie dreht sich ein wenig weiter zu ihm, bittend.* Was ist ein Barch, Willie, bitte!
Pause.

WILLIE Kastriertes männliches Schwein. *Wieder nach vorn. Glücklicher Ausdruck auf Winnies Gesicht.* Zum Schlachten gemästet.

Glücklicher Gesichtsausdruck wird stärker. Willie schlägt Zeitung auf, Hände unsichtbar. Die oberen Ränder gelber Blätter erscheinen zu beiden Seiten seines Kopfes. Winnie starrt mit glücklichem Gesichtsausdruck vor sich hin.

WINNIE Oh, dies ist ein glücklicher Tag! Dies wird wieder ein glücklicher Tag gewesen sein! *Pause.* Trotz allem. *Pause.* Bislang.

Pause. Glücklicher Gesichtsausdruck schwindet. Willie blättert um. Pause. Er blättert noch einmal um. Pause.

WILLIE Chance für fixen Jungen.

Pause. Winnie setzt Hut ab, dreht sich zum Sack, um ihn hineinzustecken, hält in der Bewegung inne, wendet sich wieder nach vorn. Lächeln.

WINNIE Nein. *Lächeln wird breiter.* Nein nein. *Lächeln verschwindet.* Sachte, Winnie. *Sie setzt Hut wieder auf, starrt geradeaus.* Und nun? *Pause.* Singe deinen Gesang, Winnie. *Pause.* Nein? *Pause.* Dann bete. *Pause.* Bete dein Gebet, Winnie.

Pause. Willie blättert um. Pause.

WILLIE Heller Knabe gesucht.

Pause. Winnie starrt vor sich hin. Willie blättert um. Pause. Zeitung verschwindet. Lange Pause.

WINNIE Bete dein altes Gebet, Winnie.

Lange Pause.

Zweiter Akt

Bühne wie zuvor. Winnie bis zum Hals eingebettet, Hut auf dem Kopf, Augen geschlossen. Ihr Kopf, den sie nun nicht mehr drehen, nicht mehr senken, nicht mehr heben kann, ist während des ganzen Akts unverwandt nach vorn gerichtet. Augen bewegen sich wie angegeben. Sack und Sonnenschirm wie zuvor. Revolver liegt auffällig rechts neben ihr auf dem Hügel. Lange Pause. Es klingelt laut. Sie öffnet sofort die Augen. Es hört auf zu klingeln. Sie starrt geradeaus. Lange Pause.

WINNIE Heil, heilig Licht. *Lange Pause. Schließt Augen. Es klingelt laut. Sie öffnet sofort die Augen. Es hört auf zu klingeln. Sie starrt geradeaus. Langes Lächeln. Lächeln verschwindet. Lange Pause.* Jemand sieht mich immer noch an. *Pause.* Nimmt sich meiner immer noch an. *Pause.* Das eben finde ich so wundervoll. *Pause.* Augen auf meinen Augen. *Pause.* Wie lautet noch die unvergeßliche Zeile? *Pause. Augen nach rechts.* Willie. *Pause. Lauter.* Willie. *Pause. Augen geradeaus.* Kann man immer noch von Zeit sprechen? *Pause.* Sagen, daß es jetzt lange Zeit her ist, Willie, seit ich dich sah. *Pause.* Seit ich dich hörte. *Pause.* Kann man es? *Pause.* Man tut es. *Lächeln.* Der alte Stil! *Lächeln verschwindet.* Es gibt so wenig, wovon man sprechen kann. *Pause.* Man spricht es alles. *Pause.* Alles, was man kann. *Pause.* Früher dachte ich ... *Pause* ... ich sage, früher dachte ich, daß ich lernen würde, allein zu sprechen. *Pause.* Ich meine, zu mir selbst, die Wüste. *Lächeln.* Aber nein. *Lächeln wird breiter.* Nein nein. *Lächeln verschwindet.* Ergo bist du da. *Pause.* Oh, zweifellos bist du tot, wie die anderen, du bist gestorben, oder weggegangen, hast mich verlassen, wie die an-

deren, macht nichts, du bist da. *Pause. Augen nach links.*
Auch der Sack ist da, derselbe wie immer, ich kann ihn
sehen. *Pause. Augen nach rechts. Lauter.* Der Sack ist da,
Willie, zur Stelle wie immer, der Sack, den du mir an jenem Tag schenktest . . . für die Einkäufe. *Pause. Augen
geradeaus.* An jenem Tag. *Pause.* An welchem Tag?
Pause. Früher betete ich. *Pause.* Ich sage, früher betete
ich. *Pause.* Ja, ich gebe zu, daß ich es tat. *Lächeln.* Jetzt
nicht. *Lächeln wird breiter.* Nein nein. *Lächeln verschwindet. Pause.* Damals . . . jetzt . . . was für Schwierigkeiten hier, für den Verstand. *Pause.* Immer gewesen zu
sein, was ich bin – und nun so anders als das, was ich war.
Pause. Bald bin ich, sage ich, die eine, bald die andere.
Pause. Mal die eine, mal die andere. *Pause.* Es gibt so wenig, was man sagen kann, man sagt es alles. *Pause.* Alles,
was man kann. *Pause.* Und nichts Wahres daran, nir-
gends. *Pause.* Meine Arme. *Pause.* Meine Brüste. *Pause.*
Welche Arme? *Pause.* Welche Brüste? *Pause.* Willie.
Pause. Welcher Willie? *Plötzlich lebhaft bejahend.* Mein
Willie! *Augen nach rechts, rufend.* Willie! *Pause. Lauter.*
Willie! *Pause. Augen geradeaus.* Nun ja, nicht zu wissen,
nicht sicher zu wissen, große Gnade, alles, was ich verlange. *Pause.* Ach ja . . . damals . . . jetzt . . . buchengrün
. . . dies . . . Charlie . . . Küsse . . . dies . . . das . . . alles . . .
große Qual für den Verstand . . . *Pause.* Aber meinen
quält es nicht. *Lächeln.* Jetzt nicht. *Lächeln wird breiter.*
Nein nein. *Lächeln verschwindet. Lange Pause. Sie
schließt Augen. Es klingelt laut. Sie öffnet Augen. Pause.*
Es tauchen Augen auf, die scheinen sich in Frieden zu
schließen . . . um in Frieden .. zu sehen. *Pause.* Meine
nicht. *Lächeln.* Jetzt nicht. *Lächeln wird breiter.* Nein
nein. *Lächeln verschwindet. Lange Pause.* Willie. *Pause.*
Glaubst du, daß die Erde ihre Atmosphäre verloren hat,
Willie? *Pause.* Glaubst du, Willie? *Pause.* Du hast keine

Meinung? *Pause*. Na, das sieht dir ähnlich, du hattest nie
irgendeine Meinung über irgendwas. *Pause*. Es ist verständlich. *Pause*. Durchaus verständlich. *Pause*. Der Erd-
ball. *Pause*. Ich frage es mich manchmal. *Pause*. Vielleicht
nicht restlos? *Pause*. Es bleibt immer etwas übrig. *Pause*.
Von allem. *Pause*. Etwas bleibt übrig. *Pause*. Wenn der
Verstand verlorenginge. *Pause*. Er wird es natürlich nicht.
Pause. Nicht restlos. *Pause*. Meiner nicht. *Lächeln*. Jetzt
nicht. *Lächeln wird breiter*. Nein nein. *Lächeln verschwindet*. *Lange Pause*. Es könnte die ewige Kälte sein.
Pause. Immerwährende tödliche Kälte. *Pause*. Einfach
Zufall, nehme ich an, glücklicher Zufall. *Pause*. O ja,
große Gnaden, große Gnaden. *Pause*. Und nun? *Lange
Pause*. Das Gesicht. *Pause*. Die Nase. *Schielt nach unten*.
Ich kann sie sehen ... *nach unten schielend* ... ihre
Spitze ... ihre Flügel ... Lebensodem ... den Bogen, den
du so bewundertest ... *wirft Lippen auf* ... eine Ahnung
von Lippen ... *wirft nochmal Lippen auf* ... wenn ich sie
aufwerfe ... *steckt Zunge heraus* ... die Zunge natürlich
... die du so bewundertest ... wenn ich sie herausstecke
... *steckt sie nochmal heraus* ... ihre Spitze ... *Augen
nach oben* ... eine Spur von Braue ... Augenbraue ...
Einbildung wahrscheinlich ... *Augen nach links* ...
Wange ... nein ... *Augen nach rechts* ... nein ... *bläst
Wangen auf* ... selbst wenn ich sie blähe ... *Augen nach
links, bläst Wangen nochmal auf* ... nein ... keine Röte.
Augen geradeaus. Das ist alles. *Pause*. Den Sack natürlich
... *Augen nach links* ... ein wenig verschwommen viel-
leicht ... aber doch den Sack. *Augen geradeaus*. Beiläu-
fig. Erde und Himmel natürlich. *Augen nach rechts*. Den
Sonnenschirm, den du mir schenktest ... an jenem Tag
... *Pause* ... jenem Tag ... der See ... das Schilf. *Augen
geradeaus*. *Pause*. An welchem Tag? *Pause*. Welches
Schilf? *Lange Pause, Augen schließen sich. Es klingelt*

laut. Augen öffnen sich. Pause. Augen rechts. Brownie natürlich. *Pause.* Du erinnerst dich doch an Brownie, Willie, ich kann ihn sehen. *Pause.* Brownie ist da, Willie, neben mir. *Pause. Laut.* Brownie ist da, Willie. *Pause. Augen geradeaus.* Das ist alles. *Pause.* Was würde ich ohne sie tun? *Pause.* Was würde ich ohne sie tun, wenn Worte fehlen? *Pause.* Vor mich hinstarren, mit zusammengepreßten Lippen. *Lange Pause, während sie es tut.* Ich kann nicht. *Pause.* O ja, große Gnaden, große Gnaden. *Lange Pause. Leise.* Manchmal höre ich Geräusche. *Lauschender Gesichtsausdruck. Normale Stimme.* Aber nicht oft. *Pause.* Sie sind ein Segen, Geräusche sind ein Segen, sie helfen mir . . . durch den Tag. *Lächeln.* Der alte Stil! *Lächeln verschwindet.* Ja, das sind glückliche Tage, wenn es Geräusche gibt. *Pause.* Wenn ich Geräusche höre. *Pause.* Früher dachte ich . . . *Pause* . . . ich sage, früher dachte ich, sie wären in meinem Kopf. *Lächeln.* Aber nein. *Lächeln wird breiter.* Nein nein. *Lächeln verschwindet.* Das war nur Logik. *Pause.* Vernunft. *Pause.* Ich habe meine Vernunft nicht verloren. *Pause.* Noch nicht. *Pause.* Nicht restlos. *Pause.* Etwas bleibt übrig. *Pause.* Geräusche. *Pause.* Wie leises . . . Knistern, leises Bersten . . . Zusammenbrechen. *Pause. Leiser.* Es sind Dinge, Willie. *Pause. Normale Stimme.* In dem Sack, außerhalb des Sacks. *Pause.* Ach ja, Dinge haben ihr Leben, das sage ich immer, Dinge haben ein Leben. *Pause.* Nimm zum Beispiel meinen Spiegel, er braucht mich nicht. *Pause.* Die Klingel. *Pause.* Sie verletzt wie ein Messer. *Pause.* Ein Meißel. *Pause.* Man kann sie nicht überhören. *Pause.* Wie oft . . . *Pause* . . . ich sage, wie oft habe ich gesagt, Überhöre sie, Winnie, überhöre die Klingel, achte nicht darauf, schlaf' nur und wache, schlafe und wache, wie es dir beliebt, öffne und schließe die Augen, wie es dir beliebt, oder so, wie es dir am meisten hilft. *Pause.* Die Augen öffnen und schließen, Winnie, öffnen und schließen, immerhin das. *Pause.* Aber nein. *Lächeln.* Jetzt nicht. *Lächeln wird breiter.* Nein nein. *Lächeln verschwindet. Pause.* Und nun, Willie? *Lange Pause.* Da ist natürlich meine Geschichte, wenn alles andere fehlt. *Pause.* Ein Leben. *Lächeln.* Ein langes Leben. *Lächeln verschwindet.* Beginnend im Schoß, wo Leben sonst begann, Mildred hat Erinnerungen, sie wird Erinnerungen haben, an den Schoß, bevor sie stirbt, den Mutterschoß. *Pause.* Sie ist jetzt schon vier oder fünf und hat vor kurzem eine große wächserne Puppe bekommen. *Pause.* Vollständig angezogen, komplett ausstaffiert. *Pause.* Schuhe, Söckchen, Unterwäsche, eine komplette Garnitur, Rüschenkleidchen, Handschuhe. *Pause.* Weiße geklöppelte. *Pause.* Ein kleiner weißer Strohhut mit einem Kinngummiband. *Pause.* Perlenkette. *Pause.* Ein kleines Bilderbuch mit echt gedruckten Märchen, das unter ihren Arm paßt, wenn sie ihren Spaziergang macht. *Pause.* Porzellanblaue Augen, die sich öffnen und schließen. *Pause. Erzählend.* Die Sonne war noch nicht ganz da, als Milly aufstand, die steile . . . *Pause* . . . in ihr Nachthemdchen schlüpfte, ganz allein die steile hölzerne Stiege hinabstieg, rückwärts auf allen vieren, obwohl es ihr verboten worden war, in das . . . *Pause* . . . auf Zehenspitzen den stillen Gang entlangschlich, in das Kinderzimmer trat und Püppchen auszuziehn begann. *Pause.* Unter den Tisch kroch und Püppchen auszuziehn begann. *Pause.* Es scheltend . . . derweil. *Pause.* Plötzlich eine Maus – *Lange Pause.* Sachte, Winnie. *Lange Pause. Rufend.* Willie! *Pause. Lauter.* Willie! *Pause. Gelinder Tadel.* Ich finde dein Verhalten zuzeiten etwas seltsam, Willie, die ganze letzte Zeit, es ist nicht deine Art, mutwillig grausam zu sein. *Pause.* Seltsam? *Pause.* Nein. *Lächeln.* Hier nicht. *Lächeln wird breiter.* Jetzt nicht. *Lächeln verschwindet.* Und doch . . . *plötzlich besorgt.* Ich hoffe doch, daß es an nichts gebricht. *Augen nach rechts, laut.* Geht alles gut, Lieber? *Pause, Augen geradeaus. Zu sich selbst.* Gebe Gott, daß er nicht mit dem Kopf zuerst hineingekrochen ist! *Augen rechts, laut.* Du steckst doch nicht fest, Willie? *Pause. Dito.* Du steckst doch nicht in der Klemme, Willie? *Augen geradeaus, bekümmert.* Vielleicht schreit er die ganze Zeit um Hilfe, und ich höre ihn nicht! *Pause.* Ich höre natürlich Schreie. *Pause.* Aber sie sind wohl in meinem Kopf. *Pause.* Ist es möglich, daß . . . *Pause. Mit Entschiedenheit.* Nein nein, mein Kopf war immer voll von Schreien. *Pause.* Von schwachen, wirren Schreien. *Pause.* Sie kommen. *Pause.* Sie gehen. *Pause.* Wie vom Wind getragen. *Pause.* Das eben finde ich so wundervoll. *Pause.* Sie hören auf. *Pause.* O ja, große Gnaden, große Gnaden. *Pause.* Der Tag ist schon weit vorgerückt. *Lächeln. Lächeln verschwindet.* Und doch ist es vielleicht ein wenig zu früh für meinen Gesang. *Pause.* Zu früh zu singen ist verhängnisvoll, finde ich immer. *Pause.* Es ist andererseits möglich, zu lange damit zu warten. *Pause.* Es klingelt zum Schlaf, und man hat noch nicht gesungen. *Pause.* Der ganze Tag ist vergangen – *Lächeln. Lächeln verschwindet* – vorbeigegangen, restlos vorbei, und keinerlei Gesang, nicht der leiseste. *Pause.* Hier ist nun ein Problem. *Pause.* Man kann nicht singen . . . einfach so singen, nein. *Pause.* Es wallt auf, aus irgendeinem unbekannten Grund, die Zeit ist schlecht gewählt, man unterdrückt es. *Pause.* Man sagt, jetzt ist es Zeit, jetzt oder nie, und man kann nicht. *Pause.* Kann einfach nicht singen. *Pause.* Keinen Ton. *Pause.* Noch etwas, Willie, da wir gerade beim Thema sind. *Pause.* Die Traurigkeit nach dem Singen. *Pause;* Ist dir das schon mal aufgefallen, Willie? *Pause.* Im Laufe deines Lebens. *Pause.* Nein? *Pause.* Traurigkeit nach intimem Geschlechtsverkehr ist einem natürlich vertraut . . . *Pause.* Ich glaube, du würdest Aristoteles darin beipflichten, Willie. *Pause*. Ja, die kennt man, und ist darauf gefaßt, ihr zu begegnen. *Pause*. Aber nach dem Singen . . . *Pause*. Die dauert natürlich nicht an. *Pause*. Das eben finde ich so wundervoll. *Pause*. Sie verebbt. *Pause*. Wie lauten noch die erlesenen Zeilen? *Pause*. Geh vergiß mich was soll'n hm-hm Trübsinn in das hm-hm bringen . . . geh vergiß mich . . . was soll'n Sorgen . . . fröhlich lächeln . . . geh vergiß mich . . . nie mehr hör mich . . . lieblich lächeln . . . fröhlich singen . . . *Pause. Mit einem Seufzer*. Man vergißt seine Klassiker. *Pause*. Oh, nicht restlos. *Pause*. Einen Teil. *Pause*. Ein Teil bleibt übrig. *Pause*. Das eben finde ich so wundervoll, ein Teil bleibt einem übrig, von seinen Klassikern, um einem durch den Tag zu helfen. *Pause*. O ja, viele Gnaden, viele Gnaden. *Pause*. Und nun? *Pause*. Und nun, Willie? *Lange Pause*. Ich rufe vor das Auge des Geistes . . . Herrn Pierer – oder Stärer. *Sie schließt Augen. Es klingelt laut. Sie öffnet Augen*. *Pause*. Hand in Hand, in den anderen Händen Taschen. *Pause*. Das Beste hinter sich. *Pause*. Nicht mehr jung, noch nicht alt. *Pause*. Stehen da und gaffen mich an. *Pause*. Kann kein übler Busen gewesen sein, sagt er, in seinen Tagen. *Pause*. Hab' krummere Schultern gesehen, sagt er, zu meiner Zeit. *Pause*. Ob sie noch Gefühl in ihren Beinen hat? sagt er. *Pause*. Ob noch Leben in ihren Beinen ist? sagt er. *Pause*. Hat sie irgend etwas drunter? sagt er. *Pause*. Frag' sie, sagt er, ich bin zu schüchtern. *Pause*. Sie was fragen? sagt sie. *Pause*. Ob noch Leben in ihren Beinen ist. *Pause*. Ob sie irgend etwas drunter hat. *Pause*. Frag' sie selbst, sagt sie. *Pause. Plötzlich wütend*. Laß mich in Gottes Namen los und falle! *Pause*. Dito. Falle tot um! *Lächeln*. Aber nein. *Lächeln wird breiter*. Nein nein. *Lächeln verschwindet*. Ich sehe sie weichen. *Pause*. Hand in Hand – und die Taschen. *Pause*. Trüb. *Pause*. Dann weg. *Pause*. Die letzten menschlichen Wesen – die sich hierher verirrten. *Pause.* Bis dato. *Pause.* Und nun? *Pause. Leise. Hilf. Pause. Dito.* Hilf, Willie. *Pause. Dito.* Nein? *Lange Pause. Erzählend.* Plötzlich eine Maus ... *Pause.* Plötzlich rannte eine Maus an ihrem kleinen Schenkel hinauf, und Mildred ließ vor Schreck das Püppchen fallen und begann zu schreien – *Winnie gibt plötzlich einen gellenden Schrei von sich* – und schrie und schrie – *Winnie schreit zweimal* – schrie und schrie und schrie und schrie, bis alle angerannt kamen, in ihrem Nachtzeug, Papa, Mama, Bibby und ... die alte Annie, um zu sehen, was da los war ... *Pause* ... was da wohl in aller Welt los sein konnte. *Pause. Zu spät. Pause. Zu spät. Lange Pause. Gerade noch hörbar.* Willie. *Pause. Normale Stimme.* Nun ja, jetzt dauert's nicht mehr lange, Winnie, jetzt kann es nicht mehr lange dauern, bis es zum Schlaf klingelt. *Pause.* Dann darfst du deine Augen schließen, dann mußt du deine Augen schließen – und sie geschlossen halten. *Pause.* Warum das nochmal sagen? *Pause.* Früher dachte ich ... *Pause* ... ich sage, früher dachte ich, daß es zwischen dem Bruchteil einer Sekunde und dem nächsten keinen Unterschied gebe. *Pause.* Früher sagte ich ... *Pause* ... ich sage, früher sagte ich, Winnie, du bist unveränderlich, es gibt nie den geringsten Unterschied zwischen dem Bruchteil einer Sekunde und dem nächsten. *Pause.* Warum das wieder vorbringen? *Pause.* Es gibt so wenig, was man vorbringen kann, man bringt es alles vor. *Pause.* Alles, was man kann. *Pause.* Mein Nacken tut mir weh. *Pause. Plötzlich wütend.* Mein Nacken tut mir weh! *Pause.* Ah, so geht's besser. *Ein wenig gereizt.* Alles mit Maßen. *Lange Pause.* Mehr kann ich nicht tun. *Pause.* Mehr nicht sagen. *Pause.* Aber ich muß mehr sagen. *Pause.* Hier ein Problem. *Pause.* Nein, irgend etwas muß sich bewegen, in der Welt, ich kann es nicht mehr. *Pause.*

Ein Zephir. *Pause.* Ein Hauch. *Pause.* Wie lauten noch die
unsterblichen Zeilen? *Pause.* Es könnte die ewige Finsternis sein. *Pause.* Endlose, pechschwarze Nacht. *Pause.* Einfach Zufall, wenn ich nicht irre, glücklicher Zufall.
Pause. O ja, ein Übermaß an Gnaden. *Lange Pause.* Und
nun? *Pause.* Und nun, Willie? *Lange Pause.* Jener Tag.
Pause. Der rosa Sekt. *Pause.* Die schlanken Kelche. *Pause.*
Der letzte Gast gegangen. *Pause.* Das letzte Ex beinahe
Körper an Körper. *Pause.* Der Blick. *Lange Pause.* Welcher Tag? *Lange Pause.* Welcher Blick? *Lange Pause.* Ich
höre Schreie. *Pause.* Singe. *Pause.* Singe deinen alten Gesang, Winnie.
Lange Pause. Plötzlich hellwacher Gesichtsausdruck.
Augen drehen sich nach rechts. Willies Kopf erscheint
rechts von ihr am unteren Rand des Hügels. Er kommt
auf allen vieren, todschick, Zylinder, Cutaway, gestreifte
Hose usw., weiße Handschuhe in der Hand, sehr langer
buschiger weißer Knebelbart. Er macht halt, starrt vor
sich hin, streicht seinen Knebelbart glatt. Er kommt ganz
hinterm Hügel hervor, dreht sich nach links, macht halt,
blickt hinauf zu Winnie. Er bewegt sich auf allen vieren
auf die Mitte zu, macht halt, dreht Kopf nach vorn, starrt
geradeaus, streichelt Knebelbart, zupft Krawatte zurecht,
rückt Hut gerade, bewegt sich ein wenig weiter vor, macht
halt, nimmt Hut ab und blickt zu Winnie hinauf. Er ist
jetzt nicht weit von der Mitte entfernt und in ihrem Blick-
feld. Da er die Anstrengung des Hinaufblickens nicht zu
ertragen vermag, sinkt er mit dem Kopf zu Boden.
WINNIE *mondän* Das ist aber ein unverhofftes Vergnügen!
Pause. Es erinnert mich an den Tag, als du winselnd um
meine Hand anhieltest. *Pause.* Ich verehre dich, Winnie,
werde mein. *Er blickt auf.* Das Leben ein Hohn ohne
Win. *Sie fängt an zu kichern.* Was für eine Aufmachung,
du siehst ja verboten aus! *Gekicher.* Wo sind die Blumen?

Pause. Die heute lächeln. *Willie läßt Kopf sinken.* Was ist denn das an deinem Nacken, ein Karbunkel? *Pause.* Mußt ihn überwachen, Willie, bevor er sich deiner bemächtigt. *Pause.* Wo warst du die ganze Zeit? *Pause.* Was hast du die ganze Zeit getan? *Pause.* Dich schön gemacht? *Pause.* Hast du nicht gehört, wie ich nach dir schrie? *Pause.* Stecktest du in deinem Loch fest? *Pause. Er blickt auf.* So ist es recht, Willie, sieh mich an. *Pause.* Weide deine alten Augen, Willie. *Pause.* Bleibt noch irgend etwas übrig? *Pause.* Irgendwelche Überbleibsel? *Pause.* Nein? *Pause.* Ich habe mich nicht darum kümmern können, weißt du. *Er senkt den Kopf.* Du bist immer noch wiederzuerkennen, irgendwie. *Pause.* Hast du vor, jetzt auf dieser Seite zu leben ... ein Weilchen vielleicht? *Pause.* Nein? *Pause.* Nur eine Stippvisite? *Pause.* Bist du taub geworden, Willie? *Pause.* Stumm? *Pause.* Oh, ich weiß, du warst nie redselig, Ich verehre dich Winnie werde mein und dann nichts von dem Tage an nichts anderes mehr als Pikanterien aus der Illustrierten. *Augen geradeaus. Pause.* Na ja, was macht das schon, das sage ich immer, es wird ein glücklicher Tag gewesen sein, trotz allem, wieder ein glücklicher Tag. *Pause.* Nicht mehr lange jetzt, Winnie. *Pause.* Ich höre Schreie. *Pause.* Hörst du jemals Schreie, Willie? *Pause.* Nein? *Augen wieder auf Willie.* Willie. *Pause.* Sieh' mich wieder an, Willie. *Pause.* Noch einmal, Willie. *Er blickt auf. Glücklich.* Ah! *Pause. Betroffen.* Was ficht dich an, Willie, ich hab' nie solchen Gesichtsausdruck gesehen! *Pause.* Setz' deinen Hut auf, Lieber, es ist die Sonne, sei nicht so förmlich, ich werde es dir nicht verübeln. *Er läßt Hut und Handschuhe fallen und beginnt, den Hügel zu ihr hinaufzukriechen. Fröhlich.* Oh, sieh' mal einer an, das ist ja toll! *Er hält an, wobei er sich mit einer Hand am Hügel festhält und mit der anderen nach oben greift.* Nur zu, Lieber, setz' ein biß-

chen Dampf dahinter, ich werde dich anfeuern. *Pause.*
Hast du es auf mich abgesehen, Willie . . . oder auf etwas
anderes? *Pause.* Möchtest du mein Gesicht berühren . . .
noch einmal? *Pause.* Hast du es auf einen Kuß abgesehen,
Willie . . . oder auf etwas anderes? *Pause.* Es gab eine
Zeit, als ich dir eine Hand hätte reichen können. *Pause.*
Und dann eine Zeit davor, als ich dir eine Hand reichte.
Pause. Du brauchtest immer dringend eine Hand, Willie.
*Er rutscht an den Fuß des Hügels zurück und liegt mit
dem Gesicht am Boden.* Wumm! *Pause. Er richtet sich
auf Hände und Knie auf und hebt sein Gesicht zu ihr.* Versuch's nochmal, Willie, ich werde dich in Schwung bringen. *Pause.* Sieh' mich nicht so an! *Pause. Heftig.* Sieh'
mich nicht so an! *Pause. Leise.* Hast du den Verstand verloren? *Pause. Dito.* Deinen armseligen alten Grips, Willie?
Pause.

WILLIE *gerade noch hörbar* Win.

> *Pause. Winnies Augen geradeaus. Ein glücklicher Aus-
> druck tritt in ihr Gesicht und wird stärker.*

WINNIE Win! *Pause.* Oh, dies ist ein glücklicher Tag, dies
wird wieder ein glücklicher Tag gewesen sein! *Pause.*
Trotz allem. *Pause.* Bislang.

> *Pause. Sie summt versuchsweise den Anfang ihres Ge-
> sangs, die Spieldosenmelodie, und singt dann sanft.*

Lippen schweigen,
's flüstern Geigen:
Hab' mich lieb!
All die Schritte
Sagen: Bitte
Hab mich lieb!
Jeder Druck der Hände
Deutlich mir's beschrieb,
Er sagt klar:

's ist wahr, 's ist wahr,
Du hast mich lieb!

Pause. Glücklicher Gesichtsausdruck verschwindet. Sie
schließt die Augen. Es klingelt laut. Sie öffnet die Augen.
Sie lächelt, starrt vor sich hin. Sie richtet ihre Augen lä-
chelnd auf Willie, der immer noch, auf Hände und Knie
gestützt, zu ihr hinaufblickt. Lächeln verschwindet. Sie
sehen sich an. Lange Pause.

Anmerkungen

Kaum eine Übersetzung wird jemals ›fertig‹, und eine ›richtige‹ Übersetzung gibt es schon gar nicht. Denn jede Übersetzung ist eine Interpretation, gebunden an Sprachentwicklung, Zeitgeschmack und Kenntnisstand während der Arbeit. Sie legt notgedrungen fest, wo im Original etwas in der Schwebe blieb; unterschlägt, wenn Selbstverständliches der einen Sprache in der anderen unverständlich würde; kompensiert Effekte, die von der Übersetzungssprache an der richtigen Stelle nicht zugelassen werden, an einer anderen; und wägt ständig ab, was gerade noch angehen mag – nach bestem Wissen und Gewissen, so wie es sich im Augenblick der Arbeit darbietet.

Deshalb erscheinen nun Becketts Werke auf deutsch hier, anläßlich der Sammel-Ausgabe, wieder einmal in gründlich revidierter Gestalt – einer noch dichteren Annäherung an das, was man beim Lesen der Originale denkt oder empfindet.

Zu betonen ist allerdings, daß es fast immer *zwei* Originale sind: Becketts Erstfassung, die in jedem Fall der Übersetzungsarbeit zugrunde lag, und seine Selbst-Übersetzung ins Englische oder Französische, also eine ›autorisierte‹ Interpretation, die Beckett in der deutschen Fassung verschieden stark berücksichtigt sehen wollte.

Die Anmerkungen beschränken sich auf knappe Hinweise zur Entstehungsgeschichte und stellen ein paar ausgewählte Übersetzungsprobleme vor.

Die franzosischen und englischen Originaltitel finden sich in den Copyright-Nachweisen, hier auf S. 211.

WARTEN AUF GODOT S. 7-106

Entstanden Anfang 1949; veröffentlicht 1952.

Uraufführung am 5. Januar 1953 im Théâtre Babylone, Paris unter der Regie von Roger Blin.

Der Titel lautete, bei der Ankündigung der deutschsprachigen Erstaufführung im Sommer 1953, zunächst noch ›Wir warten auf

Godot‹ und wurde erst mit Erscheinen des Textbuches im Herbst 1953 zu ›Warten auf Godot‹.

Die Ortsnamen und einige Personennamen sind nach Absprache mit Samuel Beckett in diesem Stück (entgegen sonstigem Brauch) so ins Deutsche übertragen worden, daß sie durch ähnlichen Silbenfall und Inhalt entsprechende Assoziationen heraufbeschwören.

Zwar blieb der Eiffelturm (S. 10) als idealer Selbstmordschauplatz erhalten, aber aus Seine, Oise und Marne wurden Rhein, Main und Ruhr (S. 50), und aus der Durance zunächst der Neckar und jetzt ebenfalls der Rhein (S. 61).

Voltaire und die Normandie erscheinen auf deutsch als Gottsched und als Oldenburg (S. 50), die Vaucluse als Breisgau, der Bauer Bonnely aus Roussillon als Guttmann aus Dürkweiler (S. 68) – persönliche Erinnerungen des Autors und seines Übersetzers – und schließlich die Ariège als Emsland (S. 90).

Ein typisches Übersetzungsproblem, das zur Erweiterung des Textes führte, zeigt der Satz: ›En effet, nous sommes sur un plateau. Aucun doute, nous sommes servis sur un plateau.‹ Die Doppelbedeutung von ›plateau‹ – einerseits ›Hochebene‹ und andererseits ›Tablett‹ – fehlt im Deutschen. Deshalb lauten die Sätze nun: ›Wir sind hier also auf einem Plateau, das steht fest. Sozusagen auf dem Präsentierteller.‹ (S. 82)

Außerordentlich wichtig ist hier, wie in allen anderen Werken Becketts, die Echo- und Leitmotivwirkung der wortwörtlichen Wiederholungen, so zum Beispiel die formelhafte Replikenfolge: ›Komm, wir gehen.‹ – ›Wir können nicht.‹ – ›Warum nicht?‹ – ›Wir warten auf Godot.‹ – ›Ach ja.‹ (S. 15, 55, 75, 78, 86, 93).

In gleicher Absicht wurde jetzt das Verb ›faire‹ aus dem allerersten Satz des Stückes nicht mehr, wie in früheren Fassungen der Übersetzung, abwechselnd mit ›tun‹ und mit ›machen‹, sondern nur noch mit ›machen‹ wiedergegeben.

Ähnliche Echos, die auf Becketts Wunsch unbedingt zu erhalten waren, verbinden die Sätze ›Le temps s'est arrêté‹ – ›Die Zeit ist stehengeblieben‹ (S. 42) und ›Peut-être qu'elle s'est arrêtée.‹ – ›Vielleicht ist sie (die Uhr!) stehengeblieben.‹ (S. 53)

Und schließlich eine Replikenfolge über den Baum, der auf der Bühne steht: ›Qu'est-ce que c'est?‹ / ›What is it?‹ – ›On dirait un saule.‹ / ›I don't know. A willow.‹ – ›Où sont les feuilles?‹ / ›Where are the leaves?‹ – ›Il doit être mort.‹ / ›It must be dead.‹ – ›Finis les pleurs.‹ / ›No more weeping.‹

Hier wird zunächst das Wort ›Trauerweide‹ umgangen und in den Repliken gewissermaßen zusammengesetzt: ›Was ist das für einer?‹ – ›Ich weiß nicht . . . Eine Weide.‹ – ›Wo sind die Blätter?‹ – ›Sie wird abgestorben sein.‹ – ›Ausgetrauert.‹ (S. 15)

Das Rätsel dieses seltsamen Worts wird erst gegen Ende des Stückes aufgelöst: ›Qu'est-ce que c'est?‹ / ›What is it?‹ – ›C'est l'arbre.‹ / ›It's the tree.‹ – ›Non, mais quel genre?‹ / ›Yes, but what kind?‹ – ›Je ne sais pas. Un saule.‹ ‹I don't know. A willow.‹ – – ›Was ist das für einer?‹ – ›Das ist der Baum.‹ – ›Nein, welche Art?‹ – ›Ich weiß nicht. Eine Trauerweide.‹ (S. 104)

Das Wort ›ausgetrauert‹ hatte dann noch Folgen, vgl. den Band *Erzählungen* (st 2410), S. 199-204.

ENDSPIEL S. 107-160

Entstanden 1954-1956; veröffentlicht 1957.

Uraufführung (auf französisch!) am 3. April 1957 im Royal Court Theatre, London unter der Regie von Roger Blin.

Die Übersetzung des Originaltitels ›Fin de partie‹ durch ›Endspiel‹ entrückt das Spiel natürlich aus dem geistigeren Bereich des Schachspiels in die Nähe des grobschlächtigeren Fußballs; doch Beckett hatte gegen diese Akzentverschiebung nichts einzuwenden und bildete, in seiner später entstandenen englischen Übersetzung, dem deutschen Wort ›Endspiel‹ das englische ›Endgame‹ nach.

Leitmotivisch sind hier die Anfangsworte: ›Fini, c'est fini, ça va finir, ça va peut-être finir.‹ – ›Ende, es ist zu Ende, es geht zu Ende, es geht vielleicht zu Ende‹ (S. 110). Diesem klanglichen und inhaltlichen (!) Motiv wurden im weiteren Text alle Ausdrücke angepaßt, die im Deutschen sonst eher mit ›aufhören‹ oder ›Schluß machen‹ wiedergegeben würden.

Ein gewissermaßen entgegengesetztes Leitmotiv, nämlich ›gehen, ging, gegangen‹ (was ja nur Clov einigermaßen zu tun vermag), ließ sich im Deutschen, aufgrund der hier zahlreich vorhandenen Redewendungen und Zusammensetzungen mit ›gehen‹, sogar noch stärker herausarbeiten.

Solche Ersetzungs-Manöver waren aber auch nötig, weil viele Gedankenverbindungen über den Wortklang nicht zustande kamen: ›Notre vue a baissé‹ / ›Notre ouïe n'a pas baissé‹ ist ja mit den Sätzen: ›Unsere Sehkraft hat gelitten‹ / ›Unser Gehör hat nicht gelitten‹ (S. 118) nur rein inhaltlich wiedergegeben; dasselbe gilt für Clovs Satz ›Le fanal est dans le canal‹ – ›Der Leuchtturm liegt im Kanal‹ (S. 126).

Und wenn Clov, nachdem er Nell den Puls gefühlt hat, sagt: ›Elle n'a plus de pouls‹ – ›Sie hat keinen Puls mehr‹ (S. 123), und der blinde Hamm, der von seiner Tätigkeit natürlich nichts bemerkt hat, ›pouls‹ als ›poux‹ = Läuse mißversteht und dagegen das Insektenpulver empfiehlt, muß die Übersetzung auf solch einen Einwurf sogar ganz verzichten.

Aber das läßt sich dann an anderen Stellen, die im Original keine bestimmte Klangstruktur aufweisen, kompensieren; zum Beispiel durch: ›Nun ist es Sand. Er holt ihn vom Strand‹ (S. 119); oder durch die Klangfolge: ›Nach dem Zuhören.‹ / ›Schwörst du es?‹ / ›Ich schwöre.‹ / ›Die Ehre.‹ (S. 138); oder schließlich durch Anklänge wie: ›Eine Ratte! Gibt es noch Ratten?‹ / ›Und du hast sie nicht ausgerottet?‹ / ›Sie kann sich nicht retten?‹ (S. 141).

Ganz ähnlich geht es bei Wortspielen und festen Redewendungen. Die Streiterei um ›kuscht‹ und ›kuschelt‹ (S. 129) ist zwar nicht ganz so drastisch und klar wie die um ›coïte‹ und ›coite‹, aber ihr Sinn und das Hin-und-Her ließen sich ebenso bewahren wie das parodierte Sprichwort ›Alter hat keine Tugend‹ (S. 115) oder das Wortspiel ›Du hältst dich für gescheit, nicht?‹ / ›Gescheitert!‹ (S. 115).

Dies alles sind Beispiele dafür, wie oft eine literarische Übersetzung vom Wortlaut des Originaltextes abweicht (und abweichen muß), um eine charakteristische Eigenschaff des Originals, nämlich die klanglichen Verbindungen zwischen den Sätzen und Wörtern, an den Stellen spürbar zu machen, wo die Sprache der Übersetzung es gestattet.

Schließlich noch ein Hinweis auf die Rolle des größeren Zusammenhangs; Hamm erklärt zweimal mit Nachdruck: ›vous êtes sur

terre, c'est sans remède!‹ – ›Sie sind / ihr seid auf der Erde, dagegen
gibt es kein Mittel!‹ (S. 140 und 150). Der deutsche Ausdruck ›dagegen ist kein Kraut gewachsen‹ klänge wahrscheinlich natürlicher,
wäre aber hier, wo es im ganzen Stück darum geht, daß tatsächlich
nicht das geringste mehr wächst, sicherlich falsch; und das Wort
›Mittel‹ stellt sehr plausibel die Verbindung her zu den dauernd er-
wähnten Stärkungs- und Beruhigungsmitteln – und zu der wesent-
lich früher entstandenen Erzählung mit dem Titel *Das Beruhigungsmittel*, vgl. den Band *Erzählungen* (st 2410), S. 71-92.

GLÜCKLICHE TAGE S. 161-204

Entstanden 1960/61.
   Uraufführung am 17. September 1961 im Cherry Lane Theatre,
New York.
   ›Happy days‹ sagt man in Irland, wenn man einander zuprostet.
Der inhaltsgleiche Segenswunsch ›Glückliche Tage‹ ist auch im
Deutschen mindestens einmal nachgewiesen, nämlich im 24. Kapi-
tel von Theodor Fontanes Roman *Effi Briest* (den Beckett gut
kennt). Außerdem spielt der Schlager-Refrain ›Happy days are here
again‹ mit hinein, aber dieser Anklang war mit ›Glückliche Tage‹
genausowenig zu retten wie auf französisch mit ›Oh les beaux
jours‹.
   Die zahlreichen Anspielungen Winnies auf vorwiegend englisches
Bildungsgut, auf Omar Chayyam, Shakespeare, Milton, Wolfe,
Yeats, Herrick, aber auch auf die Bibel, auf Dante und Grimm
konnten im Deutschen meist nur durch auffällige, ungewöhnliche
Satzbildungen und seltene Wörter kenntlich gemacht werden.
   Ein Beispiel dafür ist das nicht mehr gebräuchliche Wort ›An emmet!‹ / ›Eine Emse!‹ (S. 178) anstelle von ›Ameise‹. In den englischen
Übersetzungen von Dantes *Göttlicher Komödie* (Hölle, XXIX, 64)
steht genau so selbstverständlich ›emmet‹ wie in den deutschen
Übersetzungen ›Emse‹ oder ›Ämse‹. Und da aus dem Spielzusam-
menhang klar hervorgeht, von was für einem Insekt die Rede ist,
brauchte das Wort dafür nicht unbedingt geläufig zu sein.

Zwei Namen mußten allerdings übersetzt werden, da sie inhaltlich eine Rolle spielen, und das Verfahren dabei ist recht charakteristisch:

Winnie erinnert sich plötzlich an einen ›Mr. Shower‹, der vielleicht ›Mr. Cooker‹ geheißen hat, und der sich auf Deutsch in einen ›Herrn Pierer‹ oder ›Stärer‹ verwandelt (S. 187). Da Beckett ›Shower‹ und ›Cooker‹ von den deutschen Verben ›schauen‹ und ›kucken‹ hergeleitet hatte, konnte im Deutschen der Vorgang umgedreht und aus den Verben ›to peer‹ und ›to stare‹ ein ›Pierer‹ und ein ›Stärer‹ gewonnen werden. Damit sind die Namen in beiden Sprachen auf dieselbe Weise rätselhaft und nur mit Anstrengung zu verstehen.

Copyright-Nachweise

Samuel Beckett im Suhrkamp Verlag
Eine Auswahl

Werke in fünf Bänden. In Zusammenarbeit mit Samuel Beckett herausgegeben von Elmar Tophoven und Klaus Birkenhauer. Übertragungen von Elmar Tophoven, Erika Tophoven, Erich Franzen, Jonas Tophoven und Karl Krolow. 2303 Seiten. Gebunden
- Band I: Dramatische Werke. Theaterstücke. Hörspiele. Pantomime/Film/Fernsehspiel
- Band II und Band III: Romane
- Band IV: Erzählungen
- Band V: Szenen. Prosa. Verse

Gesammelte Werke im suhrkamp taschenbuch. In Zusammenarbeit mit Samuel Beckett herausgegeben von Elmar Tophoven und Klaus Birkenhauer. Übertragen von Elmar Tophoven, Erika Tophoven und Erich Franzen. Die Bände sind nur einzeln lieferbar.
- Theaterstücke. st 2401. 260 Seiten
- Hörspiele, Pantomime, Film, Fernsehspiel. st 2402. 144 Seiten
- Watt. Roman. Aus dem Englischen von Elmar Tophoven. st 2404. 276 Seiten
- Mercier und Camier. Roman. Aus dem Französischen von Elmar Tophoven. st 2405. 142 Seiten
- Molloy. Roman. Aus dem Französischen von Erich Franzen. st 2406. 247 Seiten
- Malone stirbt. Roman. Aus dem Französischen von Elmar Tophoven. st 2407. 156 Seiten
- Der Namenlose. Roman. Aus dem Französischen von Elmar Tophoven. st 2408. 178 Seiten
- Wie es ist. Aus dem Französischen von Elmar Tophoven. st 2409. 148 Seiten

NF 259/1/7.08

- Erzählungen. Aus dem Französischen von Elmar Tophoven.
  st 2410. 266 Seiten
- Szenen, Prosa, Verse. Werke. Aus dem Französischen von
  Elmar Tophoven u.a. st 2411. 280 Seiten

Einzelausgaben

Auswahl in einem Band. Aus dem Französischen von Erika
und Elmar Tophoven. 381 Seiten. Gebunden

Dante und der Hummer. Gesammelte Prosa. Übersetzt von
Elmar Tophoven und Erika Tophoven-Schöningh.
368 Seiten. Gebunden

Drei Romane. Molloy. Malone stirbt. Der Namenlose. Übersetzt von Elmar Tophoven und Erich Franzen.
st 3672. 700 Seiten

Endspiel. Fin de partie. Endgame. Deutsche Übertragung von Elmar Tophoven. Französische Originalfassung. Englische Übertragung von Samuel Beckett. st 171. 128 Seiten. BS 1224. 123 Seiten

Erste Liebe. Premier amour. Erzählung. Französisch und
deutsch. Übertragung von Elmar Tophoven. BS 277. 137 Seiten

Erzählungen und Texte um Nichts. Aus dem Französischen
von Elmar Tophoven. BS 82. 171 Seiten

Das Gleiche nochmal anders. Texte zur Bildenden Kunst.
Aus dem Englischen von Gaby Hartel u.a. Herausgegeben
von Michael Glasmeier und Gaby Hartel. st 3114. 129 Seiten

Glückliche Tage. Happy Days. Oh les beaux jours. Deutsche Übertragung von Erika und Elmar Tophoven. Englische

Originalfassung. Französische Übertragung von Samuel
Beckett. st 248. 112 Seiten

Das letzte Band. Krapp's Last Tape. La dernière bande.
Deutsche Übertragung von Erika und Elmar Tophoven. Englische Originalfassung. Französische Übertragung von Samuel Beckett. Mit Szenenphotos. BS 1211. 54 Seiten

Mehr Prügel als Flügel. Erzählungen. Aus dem Englischen von
Christian Enzensberger. BS 1000 und st 2683. 215 Seiten

Molloy. Roman. Aus dem Französischen von Erich Franzen.
st 3302. 244 Seiten

Nacht und Träume. Gesammelte kurze Stücke. Aus dem
Französischen und Englischen von Erika und Elmar Tophoven. 359 Seiten. Gebunden

Traum von mehr bis minder schönen Frauen. Roman. Aus
dem Englischen von Wolfgang Held. 316 Seiten. Gebunden.
st 2883. 316 Seiten

Trötentöne/Mirlitonnades. Französisch und deutsch. Neu-
übersetzung aus dem Französischen von Barbara Köhler.
BS 1392. 92 Seiten

Warten auf Godot. Aus dem Französischen von Elmar Tophoven. Vorwort von Joachim Kaiser. BS 1040. 128 Seiten

Warten auf Godot. En attendant Godot. Waiting for Godot.
Deutsche Übertragung von Elmar Tophoven. Vorwort von Joachim Kaiser. st 1. 256 Seiten

Warten auf Godot. Faksimileausgabe. Aus dem Französischen
von Elmar Tophoven. es 2465. 115 Seiten

NF 259/3/7.08

Zu Samuel Beckett

Beckett Einnerung. Herausgegeben von Elizabeth und James Knowlson. Aus dem Englischen von Christel Dormagen. Mit zahlreichen Fotos. 395 Seiten. Gebunden

Samuel Beckett. Eine Biographie. Von James Knowlson. Übersetzt von Wolfgang Held. 1120 Seiten. Gebunden

Samuel Beckett. Fotografiert von John Minihan. Mit einem Essay von Aidan Higgins. 90 Seiten. Kartoniert

Samuel Beckett. Von Gaby Hartel und Carola Veit. sb 13. 160 Seiten

Samuel Becketts Irland. Von Eoin O'Brien. Übersetzt von Wolfgang Held. Mit Fotografien von David H. Davison und einem Vorwort von James Knowlson. 446 Seiten. Gebunden

Der unbekannte Beckett. Samuel Beckett und die deutsche Kultur. Herausgegeben von Therese Fischer-Seidel und Marion Fries-Dieckmann. Mit Abbildungen. st 3674. 357 Seiten

Wie es war. Erinnerungen an Samuel Beckett. Von Anne Atik. Übersetzt von Wolfgang Held. Mit zahlreichen Abbildungen. 173 Seiten. Gebunden

suhrkamp taschenbücher
Eine Auswahl

Isabel Allende
- Fortunas Tochter. Roman. Übersetzt von Lieselotte Kolanoske. st 3236. 483 Seiten- Das Geisterhaus. Übersetzt von Anneliese Botond. st 1676. 500 Seiten
- Paula. Übersetzt von Lieselotte Kolanoske. st 2840. 496 Seiten.
- Porträt in Sepia. Übersetzt von Lieselotte Kolanoske. st 3487. 512 Seiten
- Zorro. Roman. Übersetzt von Svenja Becker. st 3861. 443 Seiten

Ingeborg Bachmann. Malina. Roman. st 641. 368 Seiten

Jurek Becker
- Amanda herzlos. Roman. st 2295. 384 Seiten
- Jakob der Lügner. Roman. st 774. 283 Seiten

Louis Begley
- Lügen in Zeiten des Krieges. Roman. Übersetzt von Christa Krüger. st 2546. 223 Seiten
- Schmidt. Roman. Übersetzt von Christa Krüger. st 3000. 320 Seiten
- Schmidts Bewährung. Roman. Übersetzt von Christa Krüger. st 3436. 314 Seiten

Thomas Bernhard
- Alte Meister. Komödie. st 1553. 311 Seiten
- Holzfällen. st 3188. 336 Seiten
- Ein Lesebuch. Herausgegeben von Raimund Fellinger. st 3165. 112 Seiten
- Wittgensteins Neffe. st 1465. 164 Seiten

NF 266b/1/2.08

Peter Bichsel
- Cherubin Hammer und Cherubin Hammer. st 3165. 112 Seiten
- Kindergeschichten. st 2642. 84 Seiten

Ketil Bjørnstad
- Villa Europa. Roman. Übersetzt von Ina Kronenberger.
  st 3730. 535 Seiten
- Vindings Spiel. Roman. Übersetzt von Lothar Schneider.
  st 3891. 347 Seiten

Lily Brett
- Einfach so. Roman. Übersetzt von Anne Lösch.
  st 3033. 446 Seiten.
- Chuzpe. Übersetzt von Melanie Walz. st 3922. 334 Seiten

Truman Capote. Die Grasharfe. Roman. Übersetzt von Annemarie Seidel und Friedrich Podszus. st 1796. 208 Seiten.

Paul Celan
- Die Gedichte. Kommentierte Gesamtausgabe in einem
  Band. Herausgegeben und kommentiert von Barbara Wiedemann. st 3665. 1000 Seiten
- Gesammelte Werke in sieben Bänden. st 3202-3208. 3380 Seiten

Lizzie Doron. Warum bist du nicht vor dem Krieg gekommen? Übersetzt von Mirjam Pressler. st 3769. 130 Seiten

Marguerite Duras. Der Liebhaber. Übersetzt von Ilma Rakusa. st 1629. 194 Seiten

Hans Magnus Enzensberger
- Der Fliegende Robert. Gedichte, Szenen, Essays.
  st 1962. 350 Seiten
- Gedichte 1950 – 2005. st 3823. 253 Seiten
- Josefine und ich. Eine Erzählung. st 3924. 147 Seiten

Louise Erdrich
- Der Club der singenden Metzger. Roman. Übersetzt von Renate Orth-Guttmann. st 3750. 503 Seiten
- Die Rübenkönigin. Roman. Übersetzt von Helga Pfetsch. st 3937. 440 Seiten

Laura Esquivel. Bittersüße Schokolade. Roman. Übersetzt von Petra Strien. st 2391. 278 Seiten

Max Frisch
- Homo faber. Ein Bericht. st 354. 203 Seiten
- Mein Name sei Gantenbein. Roman. st 286. 304 Seiten
- Stiller. Roman. st 105. 438 Seiten

Carole L. Glickfeld. Herzweh. Roman. Übersetzt von Charlotte Breuer. st 3541. 448 Seiten

Philippe Grimbert. Ein Geheimnis. Roman. Übersetzt von Holger Fock und Sabine Müller. st 3920. 154 Seiten

Katharina Hacker
- Der Bademeister. Roman. st 3905. 207 Seiten
- Die Habenichtse. Roman. st 3910. 308 Seiten

Peter Handke
- Kali. Eine Vorwintergeschichte. st 3980. 160 Seiten
- Mein Jahr in der Niemandsbucht. st 3084. 632 Seiten

Marie Hermanson
- Der Mann unter der Treppe. Übersetzt von Regine Elsässer. st 3875. 250 Seiten.
- Muschelstrand. Roman. Übersetzt von Regine Elsässer. st 3390. 304 Seiten.
- Das unbeschriebene Blatt. Roman. Übersetzt von Regine Elsässer. st 3626. 236 Seiten

Hermann Hesse
- Das Glasperlenspiel. Versuch einer Lebensbeschreibung des Magister Ludi Josef Knecht samt Knechts hinterlassenen Schriften. st 2572. 616 Seiten
- Der Steppenwolf. Roman. st 175. 288 Seiten
- Siddhartha. Eine indische Dichtung. st 182. 136 Seiten
- Unterm Rad. Materialienband. st 3883. 315 Seiten

Yasushi Inoue. Das Jagdgewehr. Übersetzt von Oskar Benl. st 2909. 98 Seiten

Uwe Johnson
- Mutmassungen über Jakob. Roman. st 3128. 298 Seiten
- Eine Reise nach Klagenfurt. st 235. 109 Seiten

James Joyce. Ulysses. Roman. Übersetzt von Hans Wollschläger. st 2551. 988 Seiten

Franz Kafka
- Amerika. Roman. Mit einem Anhang (Fragmente und Nachworte des Herausgebers Max Brod). st 3893. 310 Seiten
- Das Schloß. Roman. st 3825. 423 Seiten. st 2565. 432 Seiten
- Der Prozeß. Roman. st 2837. 282 Seiten

Daniel Kehlmann. Ich und Kaminski. Roman. st 3653. 174 Seiten.

Andreas Maier. Wäldchestag. Roman. st 3381. 315 Seiten

Magnus Mills
- Die Herren der Zäune. Roman. Übersetzt von Katharina Böhmer. st 3383. 216 Seiten
- Indien kann warten. Roman. Übersetzt von Katharina Böhmer. st 3565. 229 Seiten
- Zum König! Roman. Übersetzt von Katharina Böhmer. st 3865. 187 Seiten

Cees Nooteboom
- Allerseelen. Roman. Übersetzt von Helga van Beuningen. st 3163. 440 Seiten
- Rituale. Roman. Übersetzt von Hans Herrfurth. st 2446. 231 Seiten.

Elsa Osorio. Mein Name ist Luz. Roman. Übersetzt von Christiane Barckhausen-Canale. st 3918. 434 Seiten

Amos Oz. Eine Geschichte von Liebe und Finsternis. Roman Übersetzt von Ruth Achlama. st 3788 und st 3968. 829 Seiten

Marcel Proust. In Swanns Welt. Auf der Suche nach der verlorenen Zeit. Übersetzt von Eva Rechel-Mertens. st 2671. 564 Seiten

Ralf Rothmann
- Junges Licht. Roman. st 3754. 236 Seiten
- Stier. Roman. st 2255. 384 Seiten

Hans-Ulrich Treichel
- Menschenflug. Roman. st 3837. 234 Seiten
- Der Verlorene. Erzählung. st 3061. 175 Seiten

Mario Vargas Llosa
- Das böse Mädchen. Roman. Übersetzt von Elke Wehr. st 3932. 395 Seiten
- Tante Julia und der Kunstschreiber. Roman. Übersetzt von Heidrun Adler. st 1520. 392 Seiten

Martin Walser. Ein fliehendes Pferd. Novelle. st 600. 151 Seiten

Carlos Ruiz Zafón. Der Schatten des Windes. Übersetzt von Peter Schwaar. st 3800. 565 Seiten

NF 266b/5/2.08